눈은 바람에 흩날려도

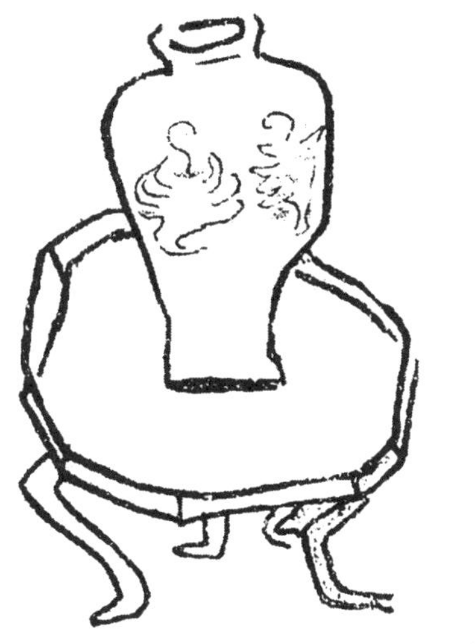

눈은 바람에 흩날려도

박월지 지음
백석일 그림

2015년 9월 1일 인쇄
2015년 9월 5일 발행
발행인 신 용 호
발행처 창조문학사
서울 서대문구 가좌로 86 동천아카데미5층

등록번호 제1-263호
전화 02-374-9011 FAX 374-5217
이메일: hmpo@hanmail.net

공급처: 한국출판협동조합 전화 716-5616~9

ISBN 978-89-7734-455-6

정가 9,800원

□ 축하의 글

헌신의 삶과 빛나는 문장

홍 문 표

시인 · 전 오산대총장

박월지 지음, 백석일 그림의 수필집『눈은 바람에 흩날려도』의 상재를 진심으로 축하합니다.

이 수필집은 박월지 수필가의 자전적 에세이와 그의 부군인 백석일 화백의 그림이 조화를 이루고 있는 수필화집이라 할 만큼 독특하고 아름다운 수필집입니다. 아니 부부 수필화집이라고 하는 것이 더 정확할 것 같습니다.

특히 이 수필집은 한 수필가의 일반적인 창작들을 모은 작품집이 아니라 격동의 시대 참으로 많은 인생의 험로를 넘어오면서 살아온 한 여인의 꿈과 사랑과 낭만과 도전과 진실이 아름다운 문장으로 새겨지고 있어 더욱 잔잔한 감동과 공감을 불러일으키고 있습니다.

작가는 그의 서문에서 추운 겨울날 인고로 견뎌내고 새잎을 틔우는 것을 보면서 우리 인간에게도 제 아무리 고달프고 괴로워도 우리 앞에 마음을 비우고 무소유로 물 흐르듯 그렇게 흘러가노라면 언젠가는 좋은 날이 반드시 오리라고 믿는다 했습니다. 바로 이러한 고백이 그의 삶의 신조요, 지금까지 살아온 길이요, 이번 수

필들이 보여 주는 창작정신이라 하겠습니다. 그래서 이번 수필집에 수록된 「눈은 바람에 흩날려도」 라는 글의 제목을 책의 표제로 정한 것이라 하겠습니다.

이번 수필집은 크게 5장으로 구성되어 있습니다. 제1장은 하늘이 주신 직장, 교사라는 사도의 길에서 20년을 헌신한 이야기가 사명감과 사랑으로 잘 그려지고 있습니다. 여기서 그는 참 스승의 삶이 무엇인지를 잘 보여주고 있습니다. 그러나 선의로 동료교사의 보증을 서 준 것이 잘못되어 그토록 소중하게 여겼건 교직을 물러나는 충격을 겪게 되면서 생에 대한 절망과 배신을 느끼지만 마침내 이를 극복하는 과정이 읽는 이의 가슴을 울리는 안타까운 드라마가 되고 있습니다.

제2장은 저자의 유년기가 수채화처럼 서정의 문장으로 잘 채색되어 아름답게 표현되어 있습니다.

제3장은 낙향했다 다시 귀경하여 간병인이란 직장을 택하면서 경험하게 되는 병원 25시의 긴박한 상황들이 한 수필가의 필력으로 생생하게 그려지고 있습니다. 죽음이란 무엇이고, 환자란 무엇이고, 환자와 가족과 의사란 무엇인가 하는 절박하고 현실적인 문제들이 진지하면서도 애정 어린 시각으로 기술하고 있습니다.

제4장에서는 차가운 삶의 겨울을 지나 봄을 맞는 이야기입니다. 시련의 지난날에서 이제 여유로운 노년을 맞는 두 부부의 따뜻한 이야기가 자연과 더불어 하나가 되는 순리의 삶과 결합되면서 평온을 찾는 회복의 이야기입니다. 그리고는 제5장에서 마침내 봄의 향연을 느끼며 인생의 의미를 성찰하고 관조하는 달관의 경지에 이르게 됩니다.

박월지님의 이번 수필집은 우선 그 구성이 극적입니다. 눈은 바람에 흩날려도 라는 제목이 말해주듯이 인생에게 있어서 끊임없이 다가오는 수많은 시련의 바람에서도 끝내 중심을 지키고 순리에 따라 최선을 다할 때 차가운 겨울은 다시 봄이 오고 봄꽃이 피는 역사의 진실을 증언하고 있는 것입니다.

그러나 이러한 주제가 문학적인 문장으로 승화되지 못할 때는 그저 흔한 신변잡기가 될 수도 있습니다. 그런데 박월지님의 이번 수필집은 알찬 구성 못지않게 유려하고 아름다운 문장과 해박한 지식, 그리고 인생에 대한 깊은 사려, 이웃을 사랑하고 자연을 사랑하고, 가족을 사랑하고, 특히 어린이를 사랑하며 헌신하는 모성적 열정이 모두를 감동하게 합니다.

더구나 부군의 훌륭한 미술 작품들이 이 수필집의 전편을 채워주고 있어 부부간의 남다른 사랑과 신뢰를 볼 수 있거니와 부록에는 부군의 손자사랑에 대한 절절한 이야기가 더욱 큰 감동을 주고 있습니다.

다시금 박월지 지음 백석일 그림의 수필집『눈은 바람에 흩날려도』의 상재를 축하드리며 요즘 스승다운 스승이 없고 존경할만한 어른이 없다는 안타까운 현실에서 교육 어떻게 할 것인가, 인생 어떻게 살 것인가에 대한 분명한 길을 제시해 주고 있는 이 책에서 많은 독자들의 공감과 영혼의 치유가 있기를 기대합니다.

또한 두 분의 앞으로의 생에 있어서도 아름다운 문장과 화폭으로 보람되고 빛나는 삶의 여정이 되기를 충심으로 기원합니다.

한국창조문학대표수필선

눈은 바람에 흩날려도

박월지 지음 ‖ 백석일 그림

창조문학사

책머리에

인간이 원하지 않아도 자연은 계절에 순응한 길목!

그 속에 봄은 다시 오고 우리들은 자연 앞에서 겸손을 배우게 된다.

뜰에 나직이 핀 들꽃도 비록 작지만 그 오묘한 잡초 향기까지도 자연 섭리이기에 세상은 아름답다.

추운 겨울날, 인고(忍苦)로 견뎌내고 새 잎을 틔우는 것을 보면서 우리 인간에게도 제아무리 고달프고 괴로워도 순리 앞에 마음을 비우고 무소유로 물 흐르듯 그렇게 흘러가노라면 언젠가는 좋은 날이 반드시 오리라고 믿는다.

살아가며 너무 편한 것은 행복이 아니라 생각한다. 역경도 고통도 없으면 그것이 행복할 것 같지만 역시 삶은 희로애락을 겪으며 사는 것에 진정한 진리가 있음을 깨닫게 된다. 내가 아파봐야 남의 고통을 알고, 내가 슬퍼봐야 남의 슬픔을 알 듯, 시련도 지나고 보면 모두가 아름다운 추억으로 남게 된다.

이 글에는 교단에서 있었던 잊을 수 없는 이야기들과 내가 퇴직을 하고 잠시 환자들을 돌보았을 때 얘기가 나오는데 그 때가 인생에 참된 삶을 깨우치게 되었고 죽음이 임박한 자들의 살려는 안간힘과 그들의 아픔과 고통을 나누며 눈물겨웠던 일, 또 많은 인연들과 소중한 만남이 있었기에 행복하였다.

- 2007년 3월

박 월 지

차례

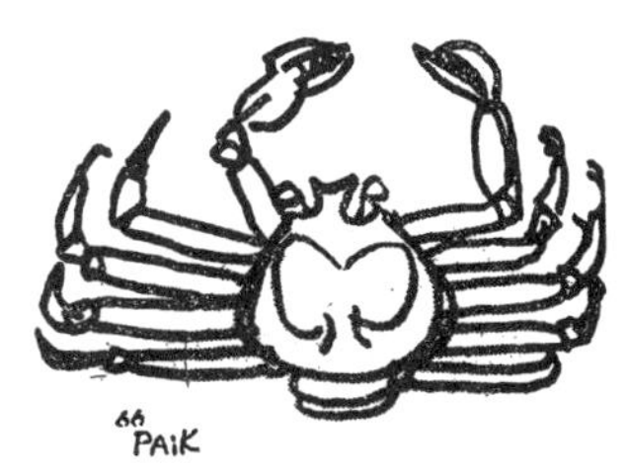

3장 사랑

4장 봄

5장 길손

부록

1장

네 잎
클로버

1 사제간

내 교편생활 20년 가까이 수많은 제자를 만났지만 그 만남 중 아름답고 보람된 추억만 있는 것은 아니다. 가슴 아픈 추억도 있었다. 서울시 양목초등학교 재직 시 그 해는 6학년 담임을 맡았다. 학년 초 새 학급을 맡게 되면 우선 내가 금년에 맡은 아동들의 인적 사항을 먼저 알고자 생활기록부를 살펴보게 된다.

여자아이 김민경의 가족사항을 보니 어머님이 4학년 때 사망하시고 남동생 한 명에 종합 란에는 아버지 암투병중이란 기록이 있었다. 예년에도 늘 그랬지만 편부, 편모슬하의 아동에겐 조금이나마 더 연민의 정이 가고 더 마음 쓰이게 되기에 금년에도 예외 없이 이 아동에게 내 작은 정성과 사랑을 기울여야 겠다는 마음 다짐했으며 이 세상 자식 가진 부모라면 어느 누구도 다 마찬가지 생각을 갖게 될 것으로 생각된다.

계절은 삼월이나 아직 따스한 봄은 멀리 있었고 바람도 차고 운동장 군데군데 고여 있는 얼음도 해빙을 잊었다. 새 학년 첫날운동장 조례로 아동들은 가슴 설레며 꽃샘추위에 떨고 있고 새로 전근 오신 여러 선생님의 인사 소개도 아울러 있었다.

운동장 조례가 끝나기 무섭게 아동들은 각자의 교실로 민첩한 행동에 우르르 달음박질치고 있었다. 어느 학부형의 말씀을 잠깐 예를 든다면 자녀가 한 해를 잘 보내려면 담임선생님을 잘 만나야 하기 때문에 늘 이맘때면 훌륭하신 선생님 만나게 해 달라는 간곡한 기도를 올린다고 했다.

나 스스로도 과연 아동과 학부형께 만족한 스승이 될 수 있을까? 자문자답하며 금년에 새로 부임한 낯선 학교 낯선 긴 복도를 지나 4층 맨 끝 6학년 13반에 교실에 들어섰다.

새 학년 첫 시간 나는 아동들을 한 번 쓱 훑어보았다. 모두 하나같이 바른 자세에 눈망울 또한 티 없이 맑고 초롱초롱 빛난다.

해말쑥한 아동들은 과연 최고 학년답게 의젓하고 대견스러웠다. 매년 이날 아동들의 입장에서 본다면 가장 마음 설레는 날임은 분명했을 것이다. 담임선생님 되실 분은 남자 선생님일까? 여자 선생님일까? 무서운 호랑이 선생님이면 어쩌나? 혹 숙제를 너무 많이 내 주시는 선생님은 아닐까? 기왕이면 다홍치마라고 잘생기고 마음 착하신 선생님이셨으면 하는 희망 부풀은 등굣길이었을 것이다. 아동들과 반가운 첫 인사를 나누고 일 년 동안 잘 지켜야 할 몇 가지 사항을 부탁하고 바로 수업에 들어가기보다는 우선 아동들의 긴장도 풀어줄 겸 사제 간 친선도모를 위해 새로 만난 선생님에게 궁금한 것이 있으면 무엇이든 물어 볼 수 있는 질의응답 시간을 갖기로 하였다.

아동들은 "선생님 결혼 하셨어요? 라는 이외의 첫 질문이 시작되고 "자녀는 몇 명이냐? 교육경력은? 좋아하시는 꽃은? 좋아하시는 색상은? 선생님 어렸을 때 장래 희망은? 결혼은 중매냐? 연애냐? 라는 의문까지 나왔다. 나는 스스럼없이 '연애!'라고 대답해 주었다.

아동들은 다 함께 약속이나 한 듯이 일시에 "우와와 좋으시겠다" 부러워하는 눈빛이 마치 선망의 대상처럼 환하게 웃었다.

아동들은 이미 사춘기에 접어든 무렵이라 의문점도 가지각색에 끝도 없는 질문이 이어진 가운데 긴장하고 경직된 아동들의 마음은 어느덧 슬슬 풀려 사제 간 화기애애한 분위기 속에서 첫날 첫 시간은 그렇게 지나가고 어느덧 타종 리듬이 온 교실 안에 울려 퍼져 왔다. 잠시 후 나는 "김민경 잠깐만 나와 봐."라고 말했다. 여러 아동 속에서 민경이는 놀란 토끼 눈처럼 동그랗게 눈을 뜨고 선생님께서 벌써 내 이름을 어떻게 아실까? 하는 의아한 표정으로 내게 가까이 다가왔다.

나는 의도적인 부름이었기에 민경이의 얼굴을 똑똑히 눈도장을 찍고 교무실로 심부름을 보냈다. 그리고 방과 후 아이의 마음 다치지 않게 조심하여 가정 형편을 상세히 들을 수 있게 되었다.

어머님 교통사고 때 받은 보상금은 두 아이의 장래를 위해 아버지께서 한 푼도 축내지 않으려 애 쓰시고 교회와 이웃의 도움으로 그날그날 어렵게 살아간다고 했다.

위암 말기 진단을 받으신 아버지는 치료도 포기한 채 집에서 투병 중이셨고 작은 아버지 댁에서 방 한 칸을 얻어 더부살이 하다시피 살아가는 딱한 형편에 처해 있었다.

음으로 양으로 돌 봐 줄 수 없는 내 자신이 원망스럽고 기껏해야 학용품, 참고서, 급식비, 무한량 줄 수 있는 사랑, 그밖엔 아무것도 내게는 없었다.

어려운 환경 속에서 그래도 민경이는 밝고 명랑하여 다행이고 감사했다. 학년 초 눈코 뜰 새 없이 바쁜 시간 속에서 춘광의 완연한 봄날을 느끼기도 전에 벌써 신록의 계절로 접어든 아침 싱그러운 아침 햇살을 받으며 출근하고 교실에 막 들어섰을 때 학급 아이들이 들려준 소식이 있었다. “선생님! 민경이 아버지께서 지난 밤 돌아가셨대요. 오늘 학교 못 온다는 연락이 왔습니다.” 순간 가슴이 서늘해오고 드디어 올 것이 왔구나 하는 생각에 민경이의 해맑은 얼굴이 떠올랐다. 양친 부모를 잃고 홀로 서기엔 아직 너무 어린 나이에 가엾고 불쌍한 생각이 들었다. 그날 퇴근 후 학급 대표 몇 명의 아동들과 구로동 고려병원 영안실로 갔다. 이제 겨우 11세 된 민경이 하얀 소복차림에 상주를 말해주는 흰 리본을 머리에 꽂은 제자 민경이를 보는 순간 나는 왈칵 끌어안고 목 메인 서러움에 눈물이 쏟아져 나왔다. 민경이의 눈가에도 물기 찰랑거렸고 내 가슴에 얼굴 묻고 한없이 흐느끼는 민경이는 평소 나를 어머니처럼 잘 따라 준 청순하고 가엾은 아이였다. 눈이 빨갛게 충혈 되도록 슬퍼한 그 때 그 제자는 세월이 흐른 지금 쯤 아마 예쁘고 착한 성숙한 숙녀로 변했을 그 모습이 보고 싶다.

1998년도에 6학년이었으니 지금 아마 스물 한 두 살로 동생 데리고 힘든 세상을 어떻게 살아가고 있을까? 민경아 보고 싶다. 늘 꿋꿋하게 잘 살아 주길 간절히 바란다.

2 자연으로 돌아가

주위에 온통 시멘트 건물로 빽빽이 둘러싸인 도심 속 목동! 우리 집 안식처 거실에는 언제나 꽃꽂이가 있다. 풍성한 한 아름의 꽃 그 아름다움에 흠뻑 취해 꽃을 바라보며 음악도 듣고 한 잔의 차(茶)를 마칠 때면 나는 늘 행복하다. 바쁜 일상에서 잠시나마 삶의 여유를 갖는 즐거움에 족하리. 세상에서 꽃처럼 아름다운 것은 없다.

화사한 꽃을 보는 사람의 가슴을 환하게 밝혀 주기 때문에 나 역시 화초에 남다른 관심이 있어 꽃가게 앞을 지날 때면 꽃을 바라볼 수 있는 것만도 행복하여 자주 꽃집에 들려 감상하고 또 찬거리 사려고 시장에 가서 찬거리보다는 꽃 한 포기를 먼저 선택하여 우리 집 베란다에 가지런히 두고 보는 것만으로도 온통 향훈으로 가득 차 즐겁다.

한 두 포기가 수십 종이 되고 저마다 색다른 싱싱한 잎사귀 사이로 무더기무더기 꽃들이 피어남을 지켜보노라면 자연의 묘미와 신비함에 먹지 않아도 견딜 만큼 나는 꽃에 매혹 될 때가 종종 있다.

그러므로 이번 여행은 야생화를 보기 위해 떠났다. 강원도 정선

군 어느 깊은 산자락에 산나리, 원추리, 개망초, 엉겅퀴, 패랭이 갖가지 꽃들이 아무도 보아주지 않는 깊은 산속에서 자연 그대로 핀 것이 참으로 아름답다.

녹음방초 짙은 산자락에 피어난 형형색색 꽃들이 나의 발걸음을 멈추게 하였고 산 너머 구불구불 산길에서 내려 왔으니 봉평! 이효석 소설 "메밀꽃 필 무렵"의 무대 평창군에 위치한 봉평 들판에 만발한 메밀꽃이 끝 간 데 없이 펼쳐져 있었다. "이효석"은 "소금을 뿌려 놓은 듯하다." 고 묘사했고 또 달빛 담뿍 먹은 메밀꽃이 산자락 가득 펼쳐진 모습 또한 미치도록 아름답고 취하도록 낭만스럽게 그려 왔던 곳이 아닌가. 봉평에서 강 건너 생가로 가는 길 메밀 밭 옆에 와르르 물레방아 돌아가고 허생원 젊은 시절 그 물레방앗간에서 하룻밤을 보냈다는 초가지붕 위엔 덩굴 올라간 하얀 박꽃도 퍽 오랜만에 볼 수 있었던 순박한 우리 꽃의 추억에 가슴 뿌듯했다.

산자락 가득 핀 파랑, 하얀 도라지꽃과 덩굴식물 더덕 꽃은 주저리주저리 열려 있는 것 또한 이번 여행에서 처음 본 꽃이기에 더욱 값진 여행이라고 생각한다. 공기 청적지역 숲에서 느끼는 휴식과 시원스런 비취색 계곡을 만날 수 있었고 몰운대 계곡, 천상 시인이 구름 타고 와서 놀다 갔다는 곳에 차를 세우고 남편과 함께 계곡을 거슬러 올라갔다.

청수! 투명한 유리알처럼 맑고 깨끗한 물에 발 담그고 잠시 더위를 식히니 물가에 아름다운 깃털 물총새와 노랑할미새가 지저귀고 다람쥐 철성모도 나무 위를 휙휙 오르내리는 인간의 흔적 전혀 닿지 않는 청적지역 그야말로 생태계 그대로를 잘 보존하고 있었고 우리는 자연으로 돌아가 먼지와 공해로 얼룩진 가슴을 씻으며 계곡 따라 후미진 곳까지 거슬러 올라갔다.

우거진 숲 사이로 구름 흘러가고 괴암 절벽에는 천연풍상을 의연하게 견뎌낸 소나무가 신성을 제압하고 쑤와와 바람 파도가 밀려 왔다. 계곡 깊을수록 우산이끼도 많았고 깨끗한 계곡에 서식한다는 무당개구리도 흔히 눈에 띄었다.

강 따라 이어진 두메산골 평창군과 정선군에는 처음 본 갖가지 아름다운 야생화도 많았다. 이 길은 평소에 한적한 길이었으나 피서 철 탓인지 승용차가 간간이 스쳐가고, 아직 저녁 시간도 멀었는데 벌써 시장기가 들었다. 점심때 오골계에 찹쌀, 마늘, 대추, 감초, 황기, 은행을 넣어 보양식으로 푹 삶아 먹었지만 벌써 소화가 다된 모양이다.

간단한 요기를 위해 가게를 찾았으나 쉽게 눈에 띄지 않았고 한 시간 가량 달렸을 때 조용한 산촌 마을 입구에 가게가 눈에 띄었다. 차를 세우고 보니 정자 그늘에서 쉬고 계시던 노인이 우리 자동차 안을 들여다보시며 “야, 차안에 한 살림 차리셨군. 침낭, 코펠, 버너, 아이스박스, 야외용 테이블까지….

나의 큰 올케 언니께서는 형제 중 막내 고모 네가 제일 잘 산다는 말씀을 자주 하신다. 부유층을 의미하는 것이 아니라 인생을 적당히 즐기며 멋있게 살아간다는 뜻이다.

인생을 아름답게 살려면 즐길 줄 알아야 한다고 생각한다. 어차피 인생은 빈손으로 왔다가 빈손으로 가는 공수래공수거가 아닌가. 아옹다옹하며 사는 것도 부질없는 것이란 걸 삶의 연륜을 쌓은 지금에서야 스스로 터득한 것이다. 산촌 길옆에 야생화가 함초롬히 피어 살포시 웃고 있다.

칭찬

춘(春) 삼월이었으나 여전히 날씨는 매섭고 쌀쌀했다. 신학년 첫 날 직원조회를 끝내고 운동장 조례로 이어져 막 운동장으로 향하고 있을 때 장선생님께서 내게로 오셔서 넌지시 하시는 말씀 "박 선생님 그 반에 훈이란 아동이 있을 것입니다. 보통 말썽꾸러기가 아니니까 아마 학년 초에 꽉 잡아야할 것 같습니다."

지난해 담임인 장선생님은 훈이에 관하여 상세히 내게 말씀해 주셨다. 그 녀석 부모님이 이혼한 결손 가정에 조부모 슬하에 살고 있고 어려서부터 부모님사랑을 받지 못하고 살아서 그런지 성격도 원만치 못한데다 매사에 부정적이고 반항적이며 급우를 괴롭히는 것이 마치 자아 즐거움마냥……. 아무튼 지난해 그 녀석 때문에 골머리 꽤나 아팠나보다.

운동장 조례를 끝내고 교실에서 훈이를 처음 보았을 때 녀석은 체격도 좋았고 신장도 반에서 꽤 큰 편에 속했다. 우선 이 아동을 어떻게 지도해야 할까? 고심 끝에 내가 내린 결론은 사랑과 칭찬으로 다스리기로 다짐하게 되었다.

무궁한 사랑은 빙산도 녹일 수 있을 것이고, 누구나 칭찬을 받으면 자신감의 의욕도 생길 것이고 경우에 따라선 굳게굳게 닫혔던 마음의 창도 열 수 있을 기회가 올 것이라고 생각했기 때문이다.

아이들은 사랑으로 크는 나무이고, 사랑을 받으며 큰 거목이 되는 것이다. 금년에 내가 맡은 이 아동들은 일생에 있어 초등학교 생활이 마지막이 될 이 한해를 뜻 깊고 보람되게 보내기 위해선 물론 수업도 중요하겠으나 그러나 오늘이란 시간은 지나가면 영원히 되돌아오지 않음을 재인식시키고 우선 인성교육에 중점을 두고 몇 가지 예를 들어 가며 설명하고 기타 생활면, 행동, 언행, 예절 하나하나 지적해가며 최고 학년답게 후배들에게도 부끄럽지 않는 선배로 한해를 잘 보재 주길 약속하고 그리고 훈이에 관해서는 아동들이 너무나 잘 알고 있어 오히려 이해시키기에 좋은 계기가 되어 다행으로 생각하고 “우리 훈이를 조금씩 이해하도록 노력해 주었으면 좋겠다”는 부탁에 첫날 첫 시간을 그렇게 보람되고 의미 있는 시간으로 보냈다. 학년 초 교실 환경은 담임 취향에 따라 달라진다. 고로 쾌적한 환경을 위해 방과 후 대청소하기로 하고 선생님을 도울 수 있는 사람은 좀 남아 주었으면 좋겠다는 내 부탁에 아이들은 솔선하여 몇 남았다.

그 중에 훈이도 포함되어 있었다. 천장에 부착된 선풍기의 해묵은 먼지와 창틀 먼지 제거, 못 박기, 무거운 화분 배치, 기타 힘겨운 일도 훈이는 척척 내 지시에 잘 따라 주었다.

널따란 어깨를 다독이고 토닥여 주면 녀석은 의외로 쑥스러워하는 면도 있었고 또 아동 개개인 능력에 따라 선택하는 일 중 녀석은 우유 급식을 당번하겠다고 자청했다.

물론 교대 급식실 냉장고에서 교실까지 운반하는 일이긴 하나 재적수 53개 상자 채 4층까지 매일 운반하는 힘든 일을 일 년 내내 하겠다고 자청했을 때, 우리 모두 훈이에게 우레와 같은 박수로 격려해주기도 하였다.

녀석은 날이 갈수록 차츰 의욕과 생동감이 넘쳤고 매우 진취적인 모습으로 조금씩 탈바꿈해 가고 있었다. 관심을 가진 세심한 관찰은 한 인간을 이해하기 위한 첫발이었으므로 일거일동을 관찰하고 칭찬도 아끼지 않았다.

끊임없는 사랑과 칭찬 받음에 넉넉했던 사랑이 드디어 녀석을 순육하게 되고 굳게 닫혔던 마음의 창도 조금씩 틈이 생기기 시작하였다. 학급 아동들의 이해와 협조도 물론 큰 몫으로 받혀 주어 드디어 내가 바랐던 인간상으로 차츰 변모해가고 있음에 고마웠고 시간이 갈수록 학급 모든 일에 솔선수범하는 모습도 자주 눈에 띄었다.

녀석은 지난해까지만 해도 늘 이례적으로 급우들의 학용품 강탈에 폭력을 일삼아 왔으나 언제 그런 행동을 했느냐는 듯이 녀석은 인간 원래의 순수성으로 돌아오고 있었다. 두뇌도 명석하여 공부도 열의를 가지게 되어 성적도 올라가고 급우들과 잘 어울려 즐거운 학교생활도 잘 해 나갔다. 그러던 어느 날 교정에 붉은 장미꽃이 흐드러지게 만발한 오후의 일이었다. 점심시간이 끝나고 5교시가 시작되었으나 녀석의 자리가 비어 있고 영준, 지석이도 함께 돌아오지 않았다.

5분, 10분이 지나도 아동들은 가방과 소지품을 그대로 둔 채 행방불명 급우들도 행적을 모르고 가정에도 연락이 되지 않았다. 아이들이 하나도 아닌 셋이나 사라졌으니 수업이 제대로 될 수 없고 속은 타 들어가고 걱정과 불안은 이미 위험수위를 넘긴 시간이나 그렇다고 아이들 앞에서 호들갑에 내색할 수 없는 속수무책 침착하게 기다릴 수밖엔 아무런 대책이 없었다.

5, 6교시 미술 수업은 도입, 전개도 제대로 이뤄지지 못하고 불안과 초조로 나는 자신도 모르게 자꾸만 복도와 운동장 쪽으로 시선이 감을 어쩔 수 없었다. 넓은 운동장에선 몇 명 반 아동들이 체육수업으로 열심히 뛰고 있었지만 녀석들의 모습은 좀처럼 나타나지 않았다.

그 때 문득 지난해 본교를 떠나신 김남기 교감 선생님이 불현듯 기억 속에 떠올랐다. 평생을 청렴결백하게 살아오신 선생님께서는 기독교장로님을 겸비한 성령 충만하신 교감선생님이셨다.

늘 교무실에서 인자하신 모습으로 사랑하는 교직원의 안위의 몇 천 명의 어린이들의 안전을 위해 늘 기도하심을 종종 보아왔다. 조용히 목상 기도하신 그 성스러운 모습이 떠올랐고, 이듬해 교장으로 승진되어 본교를 떠나신 그 분과 같이 나 또한 녀석들 무사 안전을 위해 간절한 기도 가운데 시간은 마치 일일 여삼추 같은 날이었다. 바로 그 때 6교시 수업이 끝날 무렵쯤 교실 뒷문이 조금씩 아주 조금씩 살살 열리고 있는 게 아닌가.

나는 귀를 쫑긋 세우고 그 쪽에 시선을 꽂고 유심히 살폈다. 녀석들은 복도 바닥에 납작 엎드려 꼬리에 꼬리를 물고 교실 안으로 살금살금 기어들어 오고 있었다. 나는 나도 모르게 '오 주님 감사합니다.' 독백으로 연발하고 아동들을 야단치기에 앞서 무사히 돌아와 준 것만으로 안도의 한숨이 나왔고 세 녀석을 나란히 일으켜 세우고 보니 얼굴은 발그레 하고 땀방울이 송골송골 맺혀 도대체 어딜 갔다 왔느냐는 물음에 고개만 푹 숙이고 묵묵부답이다. 방과후에서야 훈이가 자초지종을 말했다. 갑자기 어머님이 보고 싶어 어머님께 다녀왔다고 했다. 목동에서 천호동까지 왜 하필 수업 시간에 친구들까지 데리고 갔느냐는 물음에 녀석은 눈물방울 뚝뚝 떨어뜨리며 "선생님! 할아버지, 할머니께서 어머니 만나는 것 아시면 혼나요. 할머니 몰래 만나기 위해선 어쩔 수 없었어요. 선생님 잘못했습니다. 용서해 주세요." 녀석이 교실 바닥에 무릎 꿇고 용서를 비는 그 행동은 너무 가엾고 불쌍하였다.

녀석은 모정에 갈망하고 있음을 역력히 느낄 수 있었다. 나는 녀석을 훈육하기에 앞서 혈육지신은 그 아무도 어쩔 수 없는 현실 앞에 내 마음 애련한 아픔을 느끼게 하는 순간이었고 한편 이렇게 순진한 녀석의 과거가 나는 도저히 믿어지지 않았다.

"그래 어머님은 만나 뵙고 왔니?" "예" "어머니께선 뭘 하시며 생활하시니?" "천호동에서 조그만 카페(경양식)를 하세요."

세상 모든 부모님이 다 그렇듯 훈이 어머님께서도 그 짧은 시간에 애들에게 통닭도 먹이고 용돈까지 주어서 보낸 모양이다. 녀석의 진실을 듣고 보니 안쓰러움의 구름 그늘이 스쳤고 보다 많은 사랑을 그에게 쏟을 수 있는 계기가 되기도 하였다.

인간 세상사 부부간이나 동료, 사제 간이나 모든 인간관계에 있어 진실이 오갈 때만이 더 인간미 돈독해짐은 사실이다.

학급 아이들에게 편애한다는 소리가 오갈까봐 나름대로 처신을 잘하려고 노력하며 지속적인 관심과 사랑 속에서 봄이 가고 가정의 달 5월이 왔고 학교에선 어린이날 행사로 선행 아동 표창이 있어 나는 기탄없이 훈이를 선정하기로 하였다.

성실한 인간상으로 변모한 녀석은 학급을 위해 끊임없이 봉사를 했다. 결손 가정에서 어려서부터 부모님 사랑도 받지 못한 데다 학교에선 급우들의 곱지 않은 시선에 선생님들의 편견과 꾸지람으로 학년이 거듭 올라 왔으니 불쌍한 그에게 조금이나마 보상해주고 싶은 마음이 솔직한 내 심정이었다.

물론 녀석의 주어진 환경 탓에 스스로의 잘못도 있긴 하지만 그것이 어찌 어린 훈이 탓으로만 볼 수 있겠는가. 따지고 보면 어른(부모)의 탓이기도 했다. 다행히 녀석은 금년 졸업반에 이르러 지난 잘못을 뉘우치고 깨달으며 유종의 미를 위해 많은 노력으로 달라지고 있었기 때문에 학급당 한 명 선정하는 선행아 표창을 나는 훈이에게 주기로 결정하고 육하원칙에 따라 소신껏 작성하여 결재올린 것이 승낙되어 드디어 어린이날 행사 때 교장선생님의 훈화에 이어 교실 텔레비전 모니터에 6학년 3반 선행아 대표 표창을 훈이가 받게 되자 몇 명의 여자아이들의 오가는 눈초리가 심상치 않음을 나는 곧 바로 피부로 느낄 수 있었다.

물론 소수 인원이긴 하지만 행사가 끝나고 잠시 훈이에게 자리를 비우게 한 후 민주적인 차원에서 나는 아동들의 불신을 퇴치하기 위해 짧은 시간 의견을 듣기로 작정하였다.

"얘들아 우리 잠시 대화의 시간을 갖도록 하자. 이번 어린이 날 선행아 표창에 있어 훈이가 상을 받았는데 훈이가 상을 받을 만한 적임자가 아니라고 생각하는 사람이 있으면 지금 기탄없이 자기 생각을 진술하게 말해 보도록 해요."

아동들도 서로 눈치만 살폈고 아무런 반응이 없다. 교실 안은 숨소리 하나 들리지 않을 만큼 숙연하고 마치 선생님의 위치는 태양처럼 막강할 것이란 생각을 가질지 모르지만 그러나 나는 아동들이 납득할 수 있는 이유를 설명하기 시작했다.

"얘들아 우리 인간에겐 누구에게나 장단점을 가지고 있단다. 또 사람은 누구나 실수를 할 수 있는 법이야. 고로 실수 할 수 있고 경우에 따라선 주어진 환경 탓으로 본의 아니게 잠시 빗나갈 수도 얼마든지 있는 예를 우리는 주위에서 많이 봤어.

우리 서로 친구의 단점보다 장점을 발견하도록 애쓰며 비록 과거의 잘못으로 말미암아 영영 친구를 폄훼한 행동으로 낙인 찍는 것은 아주 나쁜 생각이라고 선생님은 생각해. 예를 들어 한두 번의 실수로 주위에서 모두 그 친구를 냉담 한다면 그 가슴은 정말 평생을 멍에를 짊어지고 괴롭게 살아갈 수밖에 없어. 우리는 그 죄를 미워하기 전에 그 사람을 이해하고 격려해 주는 아름다운 마음을 가진 사람이 되어 주었으면 좋겠구나. 비록 훈이가 지난 해 5학년까지만 해도 급우들을 괴롭히고 선생님들의 걱정의 대상이 되긴 했으나 금년 6학년에 올라 온 후 너희들이 보아서 잘 알지만 훈이는 학년 초 선생님과 약속도 잘 지켰어. 앞으로도 그 약속을 꼭 지킬 것이라고 믿고 싶고 또 학급을 위해 얼마나 많은 노력을 기울였으며 또 가정환경 역시 양친 부모가 안 계시는 불쌍한 처지에 놓여 있니? 우리 조금씩 훈이를 이해하고 불쌍히 여겨 주었으면 좋겠다는 선생님의 생각이야. 과거는 이미 돌이킬 수 없는 일이고 현재와 미래가 중요할 뿐이야. 지금 선생님 심정은 우리 반 모두에게 상을 주고 싶다.

그러나 얘들아!

나 자신보다 남을 배려하는 아름다운 마음가짐으로 초등학교 유종의 미를 거두었으면 참으로 고맙겠구나. 인간은 약속할 수 있는 동물이라고 철학자 니체가 갈파한 것처럼 우리 학년 초에 한 약속 끝까지 잘 지켜 주길 바란다."

이야기를 끝까지 다 들은 대다수의 아동들은 이해한 듯 연민의 정을 느끼고 있음을 알 수 있었고 정에 약하고 인정 많은 예원이가 울먹이면서 "선생님! 훈이가 참 불쌍해요."라고 말하자 우후죽

순처럼 여기저기에서 "선생님 저도요오. 저도요."

참으로 아동들은 영특했다. 마음은 천심 같고 따뜻하고 훈훈한 측은지심이 나를 감동케 했다. 창밖 푸른 창공에는 오월의 밝은 햇살이 쏟아지고 있었다.

4 네 잎 클로버

다람쥐 쳇 바퀴 돌 듯 늘 변함없는 나의 일상.

태양의 열기 식을 줄 모르는 무더운 7월, 방학을 며칠 앞둔 어느 날이었다. 이날도 여느 때와 다름없이 출근을 하고 교무실에 들러 출근부에 날인하면 곧 바로 교실로 향한다.

8시가 조금 넘은 시간이었으나 부지런한 교사들은 벌써 출근하여 교실과 복도 창문을 활짝 열어 놓아 통풍이 잘 되었고 긴 복도 창가 쪽 난간에 가지런히 놓인 화분 꽃들은 환하게 파안 대소로 일과를 맞이해주고 있었다.

교실에 들어서는 순간 일찍 등교한 몇몇 아동들이 "선생님 안녕하세요." 하고 밝은 인사를 하는 가운데 겸이가 밝은 미소를 지으며 앙증스런 상자 하나를 내게 내밀며 "선생님 어저께 보라매공원 풀밭에서 발견한 행운의 네 잎 클로버(토끼풀)입니다. 서생님께 행운 듬뿍 드리고 싶어 가지고 왔습니다." 하고 녀석은 환하게 웃고 있었다. 금은방에서 백일, 돌날 기념에 반지를 넣어 줄 때 사용하는 핑크빛 작고 예쁜 상자 하나를 나는 받아들고 몇 몇 학급 아이들과 함께 살짝 열어 보았다.

하얀 융 위에 사뿐히 올려놓은 녹색 네 잎 클로버. 방금 분무기로 물을 뿌렸는지 작은 물방울은 마치 아침 이슬처럼 싱그럽고 영롱했다. 곁에 있는 아이가 말했다.

"야! 이거 어떻게 발견했냐? 나는 어저께 아버지와 교외 낚시터에 갔었는데 강둑 풀밭에서 하루 종일 찾아도 발견하지 못했는데…." "그래 참 귀한 선물이구나." 순간 나는 많은 행운이 한꺼번에 내게로 몰려오는 마치 애드벌룬 같은 기분이 들었다. "선생님 네 잎 클로버에 관해서 아세요?" "응, 사 에이치(4H) 운동 말이야?" "아니요. 옛날 나폴레옹이 전쟁터에서 이 네 잎 클로버를 발견하고 막 엎드리는 순간 총알이 휭 하고 머리 위를 지나가 그는 생명을 잃지 않았다는 그 행운 말이에요." 녀석은 4학년답게 말을 제법 조리 있게 잘했다. "그래 선생님도 알고 있어." 녀석은 싱글벙글 계속 웃고 있었다. 평소에 늘 말이 없고 순진하고 착한 우리 반 학동이다.

그 날 나도 왠지 기분이 좋았다. 창밖을 보았다. 기쁨에 보는 창공은 파랗게 한없이 넓고 맑았다. 교정에 흐드러진 붉은 백일홍 꽃이 한층 강렬하게 느껴졌다. 명랑한 사람은 풀도 꽃처럼 보이고 우울한 사람은 꽃도 풀처럼 보이는 이치와 같이 말이다. 기분 좋은 하루. 오후에는 사 에이치(4H) 운동에 관하여 이미 알고 있는 아동들도 있을 테지만 다시 한 번 설명해 주었다.

네 잎의 뜻은 건강, 두뇌, 양심, 근로를 신조로 하는 농촌 청소년 사회 정화 운동으로 20세기 초기에 미국 농촌에서 일어나 농촌이 생활수준 향상과 농산물의 개량 따위에 힘써 제1차 세계 대전 후 미국 전체에 퍼진 운동이었으며 해방 후 우리나라에서도 소개되어 시골 마을 진입로에 가면 지금도 네 잎 클로버가 새겨진 돌비를 많이 볼 수 있음과 사 에이치(4H) 운동 정신이 지금도 이어지고 있는 단체가 있는 것도 아울러 말해 주었다.

내 지금까지 살아오면서 많은 선물을 주기도 하고 받아도 보았지만 행운의 희망을 한 아름 가득 받아본 적은 처음이다. 미약한 인간은 소박한 환희의 기분으로 산다는 말을 실감하며 나는 지금도 그 녀석 겸이와 네 잎 클로버를 똑똑히 기억하고 있다.

5 자녀 교육

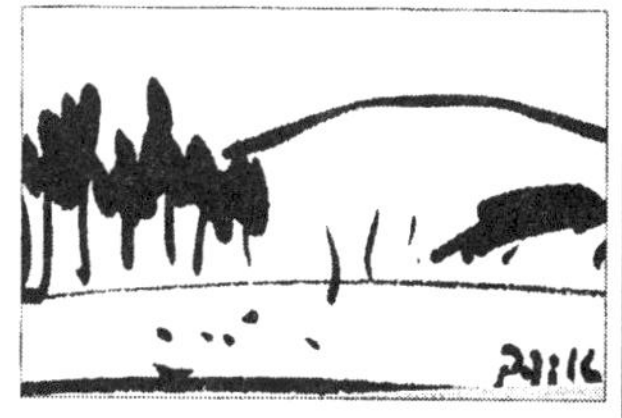

아이들이 웃으면 세상에 복이 온다.

어린이들의 웃음은 진실로 세상을 밝게 하기 때문이다. 장래의 희망과 기둥이 될 어린이들을 우리는 참되고 바르게 교육해야 한다고 생각한다. 요즈음은 각 가정에서 자녀가 한둘이고 보니 내 집 네 집 가릴 것 없이 너무 아이들 위주로 살아가는 편이고 자녀가 해 달라는 대로 다 해주며 키우다보니 요즘 아이들은 물건 귀중함을 모르고 한번 잃어버린 물건을 다시 찾으려 애쓰지 않는 아이들이 많아졌다.

왜? 부모가 또 사주니까. 그래서 그런지 학교에서는 분실물이 엄청나게 많이 쏟아져 나온다. 각 교실에 비치 된 텔레비전 모니터로 분실물 하나하나 자세히 보여주며 찾아 가도록 하고 또 복도 끝에 잘 진열해 두고 아이들 스스로 찾아 가도록 하고 있으나 별 소용이 없다. 분명히 물건 주인은 교내 아동들임에도 불구하고 말이다. 그리고 요즈음 엄마들은 사회 활동이 많아지고 또 나름대로 바쁜 일상에 쫓기다 보니 자녀들에게 충분한 사랑을 주지 못한 대신 물질로 보상해 주려는 뜻으로 자녀가 원하는 대로 다 해주는 경향이 많아지고 있는 게 사실이다.

무조건 요구 조건을 다 들어주는 사랑보다는 궁극의 목표로 자녀들이 어려서부터 절약하는 정신을 교육시키면서 나아가 정서면에도 많은 노력이 있어야 할 것 같다.

각자 타고난 재능에 맞게 정신적으로 강하게 키우고 또 무엇이든지 스스로 터득할 수 있도록 도와주는 입장이 되어 주었으면 좋겠다. 그리고 자녀가 "엄마, 나 안아 줘" 하면 귀찮다 하지 말고 꼭 보듬어 주자. 일분도 채 걸리지 않는 시간이다.

어머니의 따뜻한 체온과 애정 넘치는 말을 많이 해 주면서 말이다. 사랑을 받지 못하고 자란 자녀일수록 다른 사람에게 사랑을 줄 줄 모른다. 또 칭찬을 많이 받으며 자란 아이일수록 그만큼 자신감도 비례된다.

인간의 기본적인 심리의 첫째가 소속감이라고 생각한다. 내가 누구의 자식이며 어디에 소속됨을 알도록 늘 부모의 체취와 접촉은 참 좋은 사랑의 표현이므로 자주 해 주면 좋겠다. 미국의 한 여성지의 자녀를 둔 어머니들이 조심해야 할 다섯 가지 말을 발표했다. 너를 왜 낳았는지 모르겠다. 너는 왜 다른 아이들처럼 못하니, 네가 도대체 몇 살이니, 이 바보야, 시끄러워. 제발 엄마를 괴롭히지 마라이다. 이런 무심코 하는 말이 자녀들의 마음에 큰 상처를 주기 쉽기에 삼가야 할 사항들이다.

둘째가 자아실현이다. 아이들은 무궁무진한 잠재력을 가지고 있다. 윌리엄 제임스라는 미국 심리학자는 인간은 타고난 능력을 몇 분의 일도 써보지 못하고 한평생을 살다간다고 했다. 우리는 자녀의 잠재 능력을 개발해 주는 데 도와주며 자아실현을 할 수 있도록 지켜 봐 주자. 예를 들면 '느티나무 아래서'라는 연극에 연출한 아이의 예를 들어보자.

어느 자녀가 "엄마, 저 연극에 출연하게 되었으니 꼭 참석해 주세요." 라고 했다. 그 어머니는 연극을 지켜보니 자기 아들의 배역은 느티나무 역으로, 큰 느티나무를 들고 연극이 끝날 때까지 시종일관 대사 한마디 없이 나무만 양손에 들고 있었다.

연극이 끝난 후 아이는 "엄마 저 참 잘 했지요?"라고 말했다. 어머니께서는 "아니 대사 한 마디 없이 그게 뭐냐?"라고 대꾸하자 아들은 "다른 연출자들은 들어갔다 나갔다 하였지만 저는 끝까지 무대에 있었잖아요." 그의 어머니는 아이에게 "다시는 그런 연극 하지 마라. 또 하면 넌 혼날 줄 알아!" 하고 아들의 손을 이끌고 집으로 갔다. 그 후 아이는 그 좋아하는 연극을 다신 하지 못했다. 그 어머니는 자식이 무궁 무진 발전할 수 있는 능력을 짓밟아 버린 좋은 예이다.

우리 부모들은 욕심을 버리고 자녀의 적성에 맞게 재능을 살리도록 해주고 한 바가지 밖에 들어갈 수 없는 그릇에 두 바가지의 물을 치우려는 욕심을 버리고 자식의 눈높이 만큼에 만족하면 좋지 않을까. 자식에게 모든 것을 다 갖게 하는 것은 불행한 일이다. "귀한 자식 매 한 대 더 때리고 미운 자식 떡 하나 더 준다." 라는 우리 속담처럼 귀할수록 바르게 키우자. 아이들은 시행착오를 거듭하면서 성숙해 간다. "물고기를 잡아 주지 말고 물고기를 잡는 방법을 가르쳐 주자." 라는 탈무드의 교훈처럼 현명한 지혜를 가진 부모들이 되자. 훗날 아이가 돈을 많이 벌거나 출세해야 한다는 생각을 버리고 근실하게 바르게 행복하게 살도록 부모의 평소 모습도 중요하다. 씨앗은 흙을 만나야 생명이 싹틈같이, 윗물이 맑아야 그 밑의 모래와 돌, 자갈들의 모양이 훤히 들여다 볼 수 있는 것같이 우리는 자녀의 거울이 되어야 한다.

명심보감 훈자편에 "인생이 가장 즐거움은 독서에 있고, 가장 중요한 것은 자식 교육하는 것이다." 했다. 그러므로 옛 사대부들이 일정 기간 자녀를 종 집에 맡겨 길렀던 탈(脫)과 보호의 교육 관행이 있기도 하지 않았는가. 학교 교육은 지적면의 일부에 속하나 가정에서 늘 보고 들으며 자라는 것이 인격 형성을 좌우한다.

그러기에 부모는 자녀의 거울이자 사표가 되어야한다. 자녀들은 모름지기 부모의 일거수일투족을 닮아가기 마련이다. 가정에서 일어나는 작은 예지만 전화가 걸려오면 우리 어른들은 엄마 없다고 해 혹은 아버지 안 계신다고 해라고 무심코 아이 앞에서 스스럼없이 거짓말을 하게 되고, 또 육교가 분명히 있음에도 불구하고 자녀의 손을 잡고 뛰어 무단 횡단하는 것, 이 하나 하나가 우리 자녀들이 은연중에 닮아 감을 우리는 알아야 한다.

늘 검소한 생활 속에서 책을 가까이 하는 부모의 모습을 보여주는 사표가 되도록 노력하자. 고로 세상은 돈 많은 사랑보다 지혜로운 사랑을 더 원한다.

교직에서 1학년 맡은 때의 경험담이다. 2교시가 끝나고 우유 급식시간에 한 아이가 우유봉지를 들고 나와 밀폐된 봉지를 뜯어 달라고 했다. 이 아이는 가정에서도 늘 부모가 뜯어준 모양이다. 병아리처럼 예쁘고 사랑스러워 나는 웃으며 무심코 뜯어 주었다. 아이들은 선생님의 관심과 사랑을 받고 싶은 마음에 너나없이 우유봉지를 들고 쭉 일렬로 섰다.

안되겠다는 생각에 우유 봉지 개봉 방법을 상세히 가르쳐 주고 각자가 스스로 해 보도록 했다.

아이들은 제자리로 돌아가 고사리 같은 손으로 저마다 안간힘을 쓴 결과 한 아이가 해냈다고 자신감에 득의만면한 미소가 넘쳐 있었다. 이 때 칭찬을 아끼지 않았고 우리 모두 그 아이에게 박수를 쳐 주었다. 한데 다음날 또 한아이가 우유팩들 들고 나오길래 “네가 해 봐.”라고 말했다. 아이들은 시행착오를 거듭하며 성숙해 갈 것이다. 그리고 드디어 아이는 우유팩을 뜯었다. 아이는 나를 향해 기쁜 마음으로 우유 봉지를 높이 들어 보이며 회심의 미소로 빙그레 웃고 있었다. 나 또한 엄지손가락을 높이 올려 보이며 으뜸이라고 답례로 격려해 주었다. 우리는 활짝 웃었다.

6 그 해 겨울

주말에 시골에 내려 왔다가 폭설로 발이 묶인 지 오늘이 일주일째인데도 불구하고 또 눈발이 푸슬푸슬 내리고 있다. 서울로 돌아가기 위해 시내까지 갈 택시를 불렀으나 아랫마을까진 길이 뚫렸으나 이곳 윗마을까지는 아직도 운행이 불가해 어쩔 수 없이 체념해야만 하는 천변지이(天變地異)에 속수무책이다.

창을 통해 바라본 산천은 순백의 세상 그 자체가 아름답기 이를데 없고 쏴아 몰아치는 바람에 노송을 덮어버린 눈(雪)은 마치 쏟아지는 폭포처럼 멋진 풍경 삼매경에 빠져들고 간밤에 마당에선 무슨 일이 일어났는지 짐승의 발자국이 있긴 하나 무슨 동물의 발자취인지 가늠하기 어렵고 무아경에 설경을 바라보고 있으려니 머릿속에 퍼뜩 집히는 게 있다.

1986년도 서울 정목초등학교 3학년 제자 손미정, 임기석, 권용성, 박범진 그 밖의 얼굴들이 하나하나 떠오른다.

엄동설한 매서운 삭풍에 사정없이 불어 닥친 그 해 겨울에도 지금처럼 우리가 사는 남루하고 얼룩진 지상을 말끔히 눈으로 덮어버린 어느 날이었다.

아직 출근하기 이른 시간이었으나 나는 서둘러 출근하기에 바빴다. 우리 반 꼬맹이들이 등교하기 전에 썰렁한 교실 온도를 좀 높이기 위해서다. 이웃 목동 아파트 단지 내에 학교는 스팀이 들어와 굳이 선생님들이 난로 불을 피우지 않아도 되나 그 밖의 대부분의 학교에서는 겨울이면 어김없이 교실 중앙에 묵직한 무쇠 난로가 놓여지고 형편상 영하 온도만 내려가면 교실에 불이 피워졌다.

불쏘시개로 점화하고 장작이 활활 타오를 때 땔감인 조개탄을 넣고 조금 있으면 화력이 좋아 금 새 교실 온도는 올라가 훈훈해 진다.

그날도 오늘처럼 눈발이 사뿐사뿐 내리고 있었고 나는 불 지핀 난로에 보리차도 올려놓았다. 일찍 서둔 덕에 그래도 시간의 여유가 있어 나는 교실 한 곁에 밀쳐둔 오르간 건반을 눌렀다.

고향의 봄

나의 살던 교향은 꽃피는 산골
복숭아꽃 살구꽃 아기 진달래
울긋불긋 꽃 대궐 차린 동네
그 속에서 놀던 때가 그립습니다

눈은 여전히 하염없이 내리고 마음이 울적하여 잠시 향수에 젖어 어릴 때 뛰놀던 고향 생각을 하며 2절까지 노래를 부르고 있을 때 한 아이가 당번이라며 교실 문을 들어서고 창밖은 여전히 소리 없이 눈이 내리고 있었다.

운동장에는 아이들이 둘 셋씩 짝을 지어 무어라고 재잘거리며 띄엄띄엄 등교하는 모습을 보이고 난로는 벌써 열을 받아 발갛게 달아올라 실내온도가 18도를 가리키고 있고 이때쯤이면 나는 가끔 아이들의 입을 즐겁게 해 주기 위해 난로 불에 계란을 삶아 우리 반 학동들에게 나누어 주곤 하였다.

그날도 마침 준비가 돼 있어 급수용 대형 주전자에 계란을 가득 담고 난로 위에 올려놓고 수업을 하다보면 계란은 저절로 보글보글 끓어 삶아져 있고 2교시가 끝나고 아동들의 우유급식시간에 하나씩 나누어주면 애들은 너무 좋아 환호성을 지르고 각자에게 나누어 준 따뜻한 계란에 체온을 느끼며 어떤 아이들은 얼굴에 가만히 대 보기도하고 또 두 손으로 꼭 쥐고 먹기 아까워 한참 만에 까먹는 아이도 있었다.

집에서 어머님이 삶아 주신 것보다 훨씬 맛있다고 하며 너무 행복해 했던 그 환한 얼굴들이 눈에 선하에 떠오르고 세월이 흐른 지금 그들은 지금쯤 아마 늠름하고 씩씩한 청년으로 변해있을 모습이보고 싶다.

내 수많은 교단생활 중 유달리 그 해가 잊을 수 없는 것은 왜 일까? 교직 경력에 초, 중, 고, 고루 학년을 맡아 보았지만 저학년은 너무 어려서 힘들고, 고학년은 학년이 올라 갈수록 순진성을 차츰 잃어가고 교우에 대한 우정도 시기심에 아부성까지 순수하지 못해 안타깝다.

그러나 3학년쯤 되면 말귀도 잘 알아듣고 학교생활 적응도 빨라 다루기 쉽고 수업 일수도 적절해 그만큼 지도하기 수월하기 때문일까? 그리고 그 해 그 아이들이 좀 어리긴 했으나 스스로 공부할 수 있는 훈련을 시도하기 위해 아동들이 스스로 교과서를 탐독하고 문제를 색출하고 답할 수 있는 자율 학습을 훈련해 보았더니 생각보다 가능했고 효과도 좋았다.

스파르타 교육과 주입식이 아닌 늘 열린 교실에 스스로 탐구하는 습관도 차츰 길들여져 교실은 늘 뭔가 연구하는 분위기로 조성해 나갔다.

역시 교육은 하면 된다는 것을 깨닫게 되고 4월부터는 아동들이 좀 일찍 인 8시 30분까지 등교하도록 하고 매일 쪽지 시험 10문제를 갱지 16절지에 출제하여 그날그날 채점해 주고 일주일에 한번은 시험지 여백을 이용하여 아동 개개인의 칭찬을 기록해 주면 아이들은 그 글을 읽으며 모두들 무척 좋아 하였다.

칭찬을 받으면 그만큼 자신감이 생기고 나아가 더 성숙된 모습도 보여주어서 나는 끝까지 그들을 지켜보았다. 그리고 아동에 따라 개중엔 나쁜 습관이 있는 아이들에게 고칠 수 있도록 좋은 말로 기록해 주면 몰라보게 달라지는 모습도 볼 수 있었다.

아이들 하나하나 유심히 관찰하고 그 아이들의 좋은 점만 찾아보면 참으로 귀엽고 예쁘다.

그러다가도 교칙에 어긋난 행동을 했을 땐 이해를 충분히 시키고 가차 없이 사랑의 매를 들어 손바닥을 채벌한다. 그러나 나는 웬만해서는 채벌을 하지 않으려고 애썼고 가급적이면 아이에게 묻는다. “너 벌 받을 테야? 손바닥 맞을래? 양자택일토록 하면 대부분의 아이들은 맞는 쪽 보다 벌 받는 쪽을 택한다.

벌칙 1은 교실용 거울 앞에 꿇어 앉아 자기 얼굴을 보며 자아반성하는 방법이다. 벌을 주고 슬쩍슬쩍 녀석을 보면 처음 약 5 분정도는 무슨 생각을 하는지 진지하게 거울 속 자기 얼굴을 뚫어지게 보고 있지만 좀 시간이 지나면 개구쟁이 본성이 드러나 거울속 자기를 보며 온갖 본새를 다하고 있다.

입을 딱 벌려 웃어도 보고 울었다. 성냈다 또 혓바닥을 쭉 내밀어 보일 때면 영락없는 개구쟁이 모습 그 자체지만 나는 모른 척하고 웃어넘길 수밖엔 없다. 그러다가 지치면 온 몸을 뒤틀고 그야말로 곤혹스런 정신적 벌이 아닐 수 없다.

벌칙 2는 남아아이든 여자아이든 머리카락을 아래서 위로 쓸어올려 정수리 쪽에 고무밴드로 묶는 방법이다. 그 모습에 한바탕 박장대소 후 잠시 사제 간 엔돌핀이 막 쏟아져 나온 후 다시 수업을 진행하면 효과 만점 수업이 되기도 했다. 이 벌칙이 교육적인 벌칙은 못되지만 악의 없이 순간에 가볍게 넘어갈 수 있어 아무튼 그 때 그 개구쟁이들은 일부러라도 그 벌을 받고 싶어했다.

그때 단골 개구쟁이 얼굴이 떠올라 그 모습을 생각하면 픽 웃음이 나온다. 지금쯤 어떤 청년으로 변해 있을까? 아주 몰라볼 멋진 청년이 되어 있겠지?

7 속담에 담긴 교육

우리는 세상에 살면서 많은 만남을 갖는다. 인생의 출발에서부터 만남이 시작되고 만남의 인연으로 인생행로가 바뀌는 좋은 만남도 있을 것이고 반면 차라리 만나지 않았으면 더 좋았을 만남도 얼마든지 있을 수 있다.

부부의 만남, 친구의 만남, 스승, 제자, 동료 등 만남에는 창조적인 만남과 저주스런 만남, 행·불행의 만남 등 여러 종류의 만남도 있으나 내게 이 만남을 굳이 말한다면 내 삶을 완전히 바꿔놓은 실의와 좌절의 수렁으로 빠지게 만든 파괴적인 만남이었다고 말하고 싶다.

1980년 신대방동에 있는 M 초등학교에 함께 발령을 받음으로써 만남이 이루어진 D 교사. 학교는 동작구에 있고 집은 강서구에 있어 같은 방향이라 출퇴근을 같이 하면서 자연스럽게 가까워져 10년 가까이 지기지우로 지닌 사이가 되었다. 처음 그가 나에게 보증을 부탁했을 때 나는 냉정하지 못하였고 또 함부로 보증 서주는 게 아니라는 것을 나는 왜 몰랐을까? 그 때 거절하지 못한 게 병이 되었다. 그는 남편 사업 자금 조달로 은행대출, 보험대출, 심지어 고리대금에 사채까지 손길이 뻗힐 수 있는데 까지 뻗히도록 그의 주변에 무슨 일이 일어나고 있는지 나는 아무것도 모르고 그에게 몇 건의 보증을 해 준 것이 화근이 되어 끝내 봉급의 압류가 들어오는 사태까지 일이 진행되고 말았다.

그는 화곡동 저택에 살고 있었고 교원조합에서 마련한 아파트와 목동 아파트, 기타 부동산이 꽤 많은 것으로 나는 알고 있었으나 파산 후에 자세히 알아보니 이미 모든 부동산은 다 날려 버리고 사글세를 살고 있는 형편에 처해 있었다.

그는 내게 보증 부탁하는 입장에서 무슨 말인들 못하겠느냐만 보증인에게 절대 피해를 주지 않겠다고 누누이 굳게 약속한 것도 불구하고 내 봉급 압류는 물론 중계동에 내 명의로 된 집까지 압류로 결국은 다 없어지고 말았다.

그때 나는 공무원 봉급에 어렵게 청약저축 48개월 불입만에 당첨된 아파트였고 당첨되고도 입주기간까지 60-70개월 더 걸려서야 겨우 마련한 아파트였다.

분양기간까지 합하면 10년 가까운 세월이었다. 생각하면 가슴이 아리고 쓰리다. D교사는 채무 전모가 들어 나기 시작하자 동료교사 이 사람 저 사람은 물론 학부형까지 끌어들여 우후죽순처럼 드러나 끝내 그는 강제로 퇴직하게 되었다. 어느 누구의 돈인들 소중한 피땀의 대가가 아니겠느냐만 특히 그가 한 자모에게 융통한 돈은 다름 아닌 제자 아버지 사고로 받은 보상금이라 했다. 그 귀중한 생명과 바꾼 돈까지…….

국가에 녹을 먹고 사회에 사표가 될 교사가 자모들과의 금전 거래로 있을 수 없는 일인데 그곳까지 손을 뻗쳤다는 소식에 나는 개탄할 지경이었다.

나와의 거래도 차라리 현금을 꾸어주고 떼었으면 체념하기 쉬우

련만 단지 공무원이란 신용담보로 인감증명(보증용) 한 통만 있으면 대출이 가능했기 때문에 끝내는 가진 것 없는 나를 신용불량자로 만들고 말았다. 가혹하게도 봉급 명세서만 받아들면 가차 없이 절반은 압류 건에 지불되었고, 억울하고 속상하지만 수십 개월 동안 참고 갚아 나갈 수밖에 없었다.

인간 대 인간의 신의가 무너졌을 때 그 배신감에 나는 좌절하고 슬펐다. 뒷일 수습할 아무런 저력도 내겐 없었고 책임지지 못할 주제에 어찌 그런 겁 없고 어리석은 짓을 할 수 있었는지 내 자신이 참 한심스럽고 바보 멍청이 조두처럼 살아온 것이 부끄럽다고 느꼈을 때는 이미 늦어 있었다.

그러나 이 엄청난 사실을 곁에서 이해해 줄 수 있는 남편이 있었기에 그나마 나는 참고 견딜 수 있었다. 남편은 "한동안 툭하면 인감증명 떼러 동사무소에 갈 때 그 때 내가 좀 더 강력하게 말렸어야 했을 것을 막지 못한 내 불찰도 있지. 이미 과거는 엎질러 진 물로 돌이킬 수 없는 일이고 앞으로 생활은 내가 책임 질 테니 어쩌겠어. 갚아 줘야지. 갚을 수 있을 때까지 봉급에서 갚아줘요." 라고 말씀 해 준 남편의 배려로 그 후에도 나는 몇 년을 더 갚아 나갔다.

세월이 흐르노라면 마음의 상처도 차츰 치료가 되려니 믿었고 인간에게 주어진 모든 일을 일체 유심조라 여기고 하루 속히 잊으려고 마음먹었더니 어느 한순간부터 오히려 마음이 홀가분하였고 되도록 생각지 않으려고 마음을 비우려 했다. 그러던 어느날 D교사 남편이 간암으로 세상을 떠났다는 소식을 듣고 나는 병원 영안실로 갔다.

오동나무 연 걸리듯 여러 사람에게 채무로 시달리다 운명한 직

후라 상주라곤 D교사와 두 자녀만이 쓸쓸히 빈소를 지키고 있었고 나는 무어라 위로의 말을 할 수 없었다. 이 무슨 운명의 만남인지. 나는 그가 무척 원망스럽고 미웠지만 미워한다고 해결될 일은 아무것도 없었다. 사랑으로 원수를 사랑하기로 했으니까…….

나는 D교사의 손을 꼭 잡고 인간만이 느낄 수 있는 무한한 교감이 통했을 것으로 믿고 발인 날 다시 들리기로 마음을 먹고 그곳을 나왔다.

"남의 눈에 눈물 흘리게 하면 제 눈에 피 눈물 난다."라는 속담 교훈을 떠 올리며 나는 남부순환도로를 한없이 걷고 있었다. 스산한 밤거리의 현란한 오색 불빛은 어지럽게 핀 도시에 뜬 신기루 같았다. 생시 그의 남편의 모습을 애도하며 몹쓸 사람! 성공도 못할 사업을 잔뜩 벌려 놓고 가족은 물론 친지 동료 모두 못살게 해 놓고 멀고 먼 그 길 훌쩍 떠나다니.

발인 날 충남 보령 시댁 선산 장지까지 동승하여 마지막 떠나는 하관 모습까지 지켜보고 해가 뉘엿뉘엿 할 무렵 하얀 소복차림의 상주들의 배웅을 받으며 나는 차에 올랐다.

역경은 새로운 삶의 축복을 찾는 통로라 했지만 나는 보증을 해주고 사체업자로부터 욕은 또 얼마나 심하게 들었던가.

죄인이 되어 온갖 수모를 당하기도 하였고 인간으로 도저히 입에 담을 수 없는 육두문자도 고스란히 감수해야만 했다.

"갚아 줄 주제도 못되며 보증은 무슨 보증이야. ××같은 년아. 죽어서 지옥까지 가서라도 받고야 말겠어."라는 사체업자의 악다구니는 직장, 가정까지도 계속되어 나는 한때 전화벨소리만 울려도 깜짝깜짝 놀라곤 했다.

세상에 살다보니 좋은 일 하고도 이런 어처구니없는 봉변을 당할 때도 있구나 하고 같잖은 쓰디쓴 웃음을 지으며 충남 보령을 출발한 차는 천안 외각 도로를 달리고 있었다.

8 비몽사몽

친척으로 여긴 20년 가까이 지켜왔던 내 교직생활! 보증문제가 내 삶의 방향을 이렇게 바꿔 놓을 줄이야 누가 알았겠는가?

문민정부가 들어서고 교육계에도 회오리바람이 불기 시작하여 1994년 1월에 나는 권고사직을 하고 거의 매일 실의에 빠진 허탈한 생활 속에서 입술은 부르트고 마치 다 산 사람처럼 꼼짝없이 몸져누워 식음 전폐한 초주검의 날이 계속되었다.

마음을 다스리기로 노력해 보았으나 쉽지 않았고 세월이 약이라 어느 정도 시간이 흐르길 바랄뿐이다. 어차피 봉급은 받아 보았자 압류건 해결하다 보면 적자인생이고 또 퇴직 때까지 갚아도 다 갚을까 말까한 액수에 뭐 미쳤다고 이 헛된 고생하랴 싶어 차라리 사표 낸 것이 현명한 판단이었다고 스스로 위로해 보았지만 그러나 무엇보다도 노후 대책 연금 보장을 계획했던 꿈이 여지없이 사라졌기 때문에 더욱 가슴앓이가 심했다.

가족의 보살핌에도 나는 물 한 모금도 넘기지 못하자 남편은 "여보, 이러다 큰일 나겠어, 우리 기운 차려 여행이나 떠나자. 건강 잃으면 아무것도 못해. 명예와 돈 잃고 이제 건강마저 잃으면 낭패야." 건강을 잃어버리면 인생의 전부를 잃는 것, 인생에 가장 중요한 자본은 건강이야. 남편의 권유에도 불구하고 나는 삶의 의욕도 잃었고 세상만사 귀찮고 뜨악했었으나 마지못해 남편 따라 그 좋아하던 여행을 떠나기로 마음을 먹었다.

막상 떠나고 보니 다소 기분 전환은 물론 여행에서 인생의 본질을 찾고 사물에 대한 자애 자재의 경지를 배우면 스스로 다스릴 수 있는 인내와 덕을 쌓을 수 있겠다는 생각이 들기도 하였다. 역시 여행은 인생의 의미를 느끼게 해 주고 겸허하게도 해 주었다.

이번 여행지는 평소에 자주 찾을 수 있었던 끄트머리 남해로 가기로 작정하고 차에 올랐다. 목동 신시가지 도심을 벗어나 올림픽 도로를 지나 남으로남으로 달리며 지나온 삶을 조용히 뒤돌아보는 좋은 계기도 되고 역시 여행은 사색에서 많은 것을 깨우쳐 주는 양식이 되기도 했다. 어느덧 남쪽 들판 논배미에는 벌써 봄나물 캐는 아이들과 굽은 허리를 잠시 펴고 마늘 밭에 김 매는 농부의 봄맞이 준비가 한창이다.

"재 너머 사례 긴 밭을 언제 갈려 하나니" 라는 말은 요즈음 통하지 않고 트랙터가 갈아엎고 있었다. 만물이 잠에서 깨어나는 봄은 희망의 계절이고 농부들은 일 년 농사가 시작되는 또 한 해의 시작인데 내겐 집착이 쉽게 정리되지 못했다.

아름다운 환상의 섬 제주에 먼저 가기 위해 목포 여객 터미널에 도착했으나 이미 표가 매진된 상태였지만 우리는 꼭 가겠다는 일념으로 완도로 향했다. 다행히 완도 여객 터미널에서 승선할 수 있었고 우리는 자동차도 함께 배에 싣고 뱃머리에 서니 영롱한 바다 빛이며 시원스럽게 물살 가르며 내달리자 하얀 물보라 일고 항구를 뒤로 하고 망망대해를 헤쳐 나가니 하얀 파도는 계속 부서졌다.

언젠가 꼭 가보고 싶었던 보길도(윤선도)도 스쳐가고 육지가 멀어질수록 배는 힘껏 내달렸다. 바다 공기가 찼다. 객실로 돌아와 침대에 누우니 파도 일렁임을 느낄 수 있고 마음은 이래저래 편치 못한 가운데 쾌속으로 달린 3-4시간 만에 제주 섬에 도착할 수 있었다. 제주에는 이 모임 저 모임에서 몇 번 왔으나 늘 관광 코스에 일정이 맞춰지고 또 렌터카로 웬만한 곳은 다 다녀보았지만 이번 여행은 남편과의 동행이라 남달랐고 차도 가져왔으니 베리닛 바닷가 마을을 비롯하여 해안도로도 완주하고 관광객의 발길이 닿지 않은 후미진 곳 까지 샅샅이 들려 보았지만 새로운 감동은커녕 사념을 떨쳐 버릴 수 없이 괴로움만 더 해가고 애꿎은 한숨만 계속 길게 토해냈다.

여행도 즐거운 마음으로 하면 감동도 배로 받으려만 그렇지 못한 가운데 5박 6일 만에 다시 제주 여객 터미널에서 완도까지 배표를 구입하고 차도 실었다. 거대한 배에는 제주 특산물 감귤과 옥돔을 5톤 트럭에 가득 가득 실은 화물차 수십 대를 싣고도 모자라 승용차, 승합차 할 것 없이 갑판에 빽빽이 채워졌다. 게다가 승선한 사람도 몇 백 명을 태우고도 배는 거뜬히 항해함을 보면서 놀라지 않을 수 없었다.

갑판에 서니 넘실거리는 거센 파도와 순백의 갈매기 날개짓도 잘 어우러져 항해는 시작되고 가끔씩 푸른 물결 위로 날아오르는 어종은 비늘 번쩍이며 수면 위로 도약하기도 했다.

남쪽 다도해 해상국립공원 완도에 도착하였다. 이번 여행의 목적은 남해에 있는 작고 큰 포구들을 샅샅이 들러 스케치하기로 하고 해남 땅끝(토말) 진도, 강진, 장흥, 율포, 고흥반도, 한려해상국립공원, 통영, 거제(장승포, 옥포)도 들리고 때로는 갓 잡아 올린 싱싱한 해산물도 맛보았지만 입맛이 씁쓸하여 예전 그 맛이 아니었다.

진해, 울산, 경주, 포항, 울진, 원덕을 거슬러 7번국도 동해를 끼고 집 떠난 지 10일 만에 집을 향해 귀가하고 있을 때였다. 달리는 차안에서 나는 깜빡 잠이 들었다. 잡념을 떨쳐 버릴 수 없었던 탓이었을까 해괴망측한 비몽사몽이다. 텔레비전 프로그램 전설의 고향에서나 볼 수 있는 저승사자가 까만 옷과 까만 갓을 쓰고 나타나 내 손을 잡으며 가자고 하는 게 아닌가. 곁에 있던 남편이 당신 따라가면 안 돼! 절대 안 돼! 그리고는 내 손목을 꽉 잡은 채 한 손으로 핸들을 잡고 운전하기 시작했다. 페달을 힘껏 밟아 마치 비호같이 빠르게 달리고 있었다.

한참 달려와서는 "여보! 아직도 따라오고 있나 뒤돌아보아." "어머! 없어졌어요, 따라오지 않아, 사라졌나 봐요." "그럼 그렇지 제까짓 것이 어떻게 따라 와." 그 때 나는 비몽사몽간 후다닥 정신이 들었다. 운전석 남편은 아무런 일도 없었던 것처럼 평화스럽게 들녘을 달리고 있었다. 정신을 가다듬고 생각하니 참으로 해괴망측한 꿈이다.

나는 조심스럽게 남편에게 물었다. "조금 전 당신 속력 냈어요?" "아니, 왜? 모르겠어. 해안 한적한 7번국도가 뻥 뚫렸고 아름다운 바다가 전개되어 나도 모르게 속력을 좀 냈는지. 조금 전 까지만 해도 당신 잠들었었는데." 나는 마음이 불안하여 조용히 묵상 기도하며 원행의 여행지에서 돌아왔다.

집에 도착한 그날 밤 잠자리에 들자 나는 낮에 있었던 비몽사몽간 이야기를 남편에게 했다. "요즈음 당신 신경이 너무 복잡해서 그럴 거야. 그럼 저승사자가 당신 잡아가는 것을 내가 살려 주었구려." 하며 피식 돌아누웠다. 나는 남편의 등에다 대고 "헌데 여보!

참 이상하지 우리는 기독교 교인인데 어찌 그런 꿈을 다 꾸었을까?" 남편은 피곤에 지쳐 막 졸음이 오는 소리로 "개꿈이야, 개 꿈, 잊어버리고 잡시다." 전등을 껐다. 칠흑 같은 어둠이…….

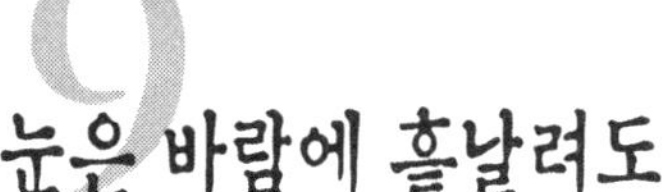

9 눈은 바람에 흩날려도

입춘이 지났어도 체감온도는 여전히 차갑다. 금시 눈(雪)이 펑펑 쏟아질 것만 같은 희뿌연 하늘이다. 25년 가까이 살아온 서울이 싫어졌다. 남편이 운영하던 학원도 정리했으니 구태여 서울에 상주할 이유가 없기에 떠나기로 마음을 먹고 새 술은 새 부대에, 파괴는 건설이란 새로운 삶을 작정하고 우리는 부부는 집을 나섰다.

교통도 원만하고 새롭게 정착할 수 있는 곳은 온양쯤을 염두에 두고 차에 올라 시흥, 안양, 군포, 수원을 지날 때 쯤 잿빛 하늘에 눈송이가 하나 둘씩 떨어지기 시작하더니 점차 시간이 갈수록 제법 굵은 눈송이로 변하여 좀처럼 그칠 낌새가 아니었다. 오산, 평택을 지나는 동안 펑펑 내린 눈은 아름다운 백색의 세상으로 변하여 갔다.

하얗게 쌓인 눈은 소담스러웠으나 착잡하고 울적한 내 마음은 날씨 탓인지 쓸쓸히 하염없이 차창 밖 풍경만 바라보고 있었다. 어느 듯 차는 천안을 통과하게 되고 천안 역시 온 세상이 순백으로 변해 있었고 하루해가 저물어 가고 많은 차들은 제 속력을 내지 못한 채 줄줄이 밀려오는 자동차 전조등 불빛 사이로 눈보라는 계속 휘몰아치고 우리는 잠시 인생 마냥 그 속에서 처량하게 떠밀려가는 기분이었다.

오랜 시간 침묵했던 나는 운전석 남편을 향해 "여보! 이렇게 날씨도 좋지 못한데 구태여 더 멀리까지 갈 이유가 없지 않을까요. 꼭 가야만 할 곳도 또 오라고 기다려 주는 사람도 없는데……."

날은 어둡고 주차장을 방불케 하는 정체 운전에 몹시 피곤했던 탓인지 남편은 흔쾌히 내 뜻을 받아들이고 즉시 방향을 바꾸기로 작정하고 서서히 차선을 바꿔 간신히 유턴한 차는 복잡한 천안 시내를 벗어날 수 있었다. 운전대를 잡은 남편은 모든 걸 하늘의 뜻에 맡기고 마음 쏠리는 방향으로 운행을 계속하여 한참을 달리다 보니 공단이란 이정표가 눈에 띄어 혹시 우리 부부에게도 적당한 일자리를 얻을 수 있지 않을까 하는 생각에 정착한 곳이 공단지역 부근 어느 한적한 마을회관 앞에서였다.

남편은 차를 세우고 마을 한가운데 있는 어느 슈퍼마켓에 잠시 들렸다 다시 돌아 오셨고 모자와 어깨에 쌓인 눈을 툭툭 털고 다시 차에 오르시며 "저쪽 송○○ 댁에 사글세(월세) 방이 나온 것이 있다는 군." 하시며 차를 서서히 몰아 슈퍼마켓 아주머니가 알려준 집을 간신히 찾을 수 있었다. 캄캄한 밤! 작은 집들이 오순도순 몰려 있는 가운데 우뚝 선 2층 양옥집이었다. 발목까지 쌓인 눈을 밟으며 대문 안에 들어섰을 때 개가 요란하게 짖고 아주머니께서 손전등을 비추며 안내해 준 방안을 들여다보니 입실 부엌에 맞닿아 방이 나란히 딸려 있고, 방안은 훈훈한 온기를 느낄 수 있었다.

방바닥 구들장도 따뜻하고 도배도 깨끗하게 잘 되어 있었다. 보일러 하나로 두 집이 사용하게 되어 있어 마침 옆방에는 총각이 자취하고 있어 다행히 보일러가 가동 중이었다.

주인 아주머님의 배려로 곧 여장을 풀고 아늑하고 따끈한 방에서 그 밤을 묵을 수 있는 행운을 누렸다.

초가삼간 오막살이라도 마음 편히 쉴 곳이면 그곳이 바로 천국이고 낙원이지, 마치 우리에게 주님께서 우리에게 이곳으로 인도하신 양 마땅히 갈 곳도 정하지 않은 이 넓은 하늘 아래 또 이 넓은 천안 땅에서 날씨까지 이렇게 궂은데, 따뜻한 빈 방이 웬 행운! 감지덕지 하여 한없이 고맙고 감사했다.

"하늘이 무너져도 솟아날 구멍이 있다."라는 말도 있듯이 우리는 음침한 골짜기를 해매다 주님의 은총에 인도하심을 깨닫고 감사기도를 뜨겁게 드렸다. 깊은 밤! 창문에 스치는 눈발소리 사각사각 들려오고 우린 오랜만에 따뜻한 온돌방(그동안 침대 생활)에서 편히 아주 편안하게 쉴 수 있었다.

인생을 살다보니 이런 난감한 일이 생겼을 때 함께 동행하며 헤쳐 나갈 수 있게끔 큰 힘이 되어 준 남편이 곁에 있음에 새삼 감사하고 싶다. 공기의 고마움을 모르듯 …….

평소에 나는 내가 무척 강하다고 생각했는데 이런 약한 모습을 보일 줄이야. 스스로 채찍질하며 조용히 자신을 뒤돌아보는 계기도 되었다. 이튿날 아침을 맞이하고 방 계약을 하고 보니 천안시 백석동이라고 했다. 우연치고는 참 묘했다. 계획 없이 정착한 우리는 공단 내 몇 군데 일자리를 찾아보았으나 50이 넘긴 우리에겐 그것마저도 쉽지 않았다.

서둘러 서울 이삿짐을 옮겨오고 생활비는 곶감 빼 먹듯 금 새 바닥날 지경이고 그렇다고 할 수 있는 것은 아무것도 없었다.

송충이는 솔잎을 먹어야 살 수 있고, 누에는 뽕잎이 있어야 살 수 있고, 물고기도 물을 떠나서 살 수 없듯이 생각 끝에 나는 천안시 교육구청에 찾아가 강사자리를 부탁하고 돌아왔다. 남편은 천안

변두리를 무대 하여 많은 작품 활동으로 다소 가게 보탬이 돼주며 때로는 낚시터에서 세월을 낚으며 우린 천안에서 그렇게 몇 개월을 살 수 있었다.

정착 10

국가에 녹을 먹는 오랜 공직생활로 친정이 동해(묵호)인 나는 부모님 기일(제삿날)을 거의 참석하지 못하고 지금껏 살아왔다. 금년에는 퇴직도 했으니 꼭 참석하려는 초유의 생각에 서울에 계신 오빠, 언니들에게 연락을 드렸더니 당일 도착하시겠다는 말씀을 듣고 우리 내외는 기일 이틀 전에 천안에서 출발하였다.

스케치를 겸한 장거리 출타로 가다가 아름다운 풍경이 있으면 캔버스에 담으려면 국도와 지방도로가 좋은 조건이기에 늘 그 길을 택해 왔다. 이른 새벽 출발할 때만 해도 날씨가 잔뜩 흐려 먹장구름이 하늘 가득 덮였으나 차츰 검은 구름이 말끔히 걷히고 하늘은 깨끗하고 날씨도 쾌청해졌다.

카오디오에서 잔잔한 클래식 음악이 들려오고 도시가 멀어질수록 산골 마을은 봄의 전령이 완연하였다. 영국 시인 블레이크는 봄이면 나무마다 작은 천사들이 앉아있는 환상을 자주 보았다는데 역시 봄은 참 아름답다.

조용하고 평화로운 촌락은 연분홍 복사꽃이 화사하게 만발하였고 나무들은 혹독한 겨울 추위를 잘 참고 견뎌 이듬해 꽃망울 터뜨린 영화로움에 찬사를 보내고 싶다. 이곳 촌락엔 잠시 봄비를 뿌렸는지 산천은 한결 생기 선명하고 촉촉한 녹두 빛 새순이 싱그럽다.

산자락에 맞닿은 푸른 하늘빛이며 화사한 배꽃도 눈부시게 아름다워 우린 탄성을 질렀다. "와! 참 아름답다. 저쪽도! 저쪽에도!" 부지불식간에 터져 나온 감탄에 감탄!

마을 초옥에서 인간의 흔적이 있어 굴뚝에선 연기가 모락모락 피어오르면 언제나 느끼는 감정이지만 해질 무렵이면 왠지 쓸쓸한 생각이 들고 서산에 지는 해를 뒤로 하고 태백산 자락에 위치한 황지(태백시)에 도착했을 땐 땅 거미 든 후였다.

빽빽이 들어선 상가며 화려한 도시로 변모한 태백시 약 40년전 이곳은 탄광촌, 읍에 불과했으나 지금은 도시로 내가 잠시(1년) 머물렀던 곳은 어디쯤인지 분간할 수 없을 정도로 은성한 모습으로 변해 있었고 을씨년스러웠던 탄광촌에 온통 까맣고 지저분했던 거리는 온데간데없고 아스팔트에 빌딩 숲으로 이루어졌다.

내가 교직에 첫 발령을 받고 찾아온 황지중앙초등학교, 1965년 3월 2일 장희열 교장선생님은 1학년을 내게 임명하셨다. 교직 경력이 노련한 교사에게만 1학년을 주시는 것으로 알고 있는 햇병아리인 나에게 교장선생님은 한마디로 감당할 수 있으니 맡으라고 하셨다.

그 당시 광산촌은 경기가 대단히 좋았고 사방에서 몰려온 유동인구로 학급당 인원도 60명이 넘었다. 꽃처럼 아름다운 아이들 몇 백명을 한 강당에서 수업하기가 입추지지에 목이 아팠고 힘겨웠다. 초임 지 그 때 그 동료들 얼굴이 허공에 둥둥 뜨듯이 나타나고 그 때 그 아이들은 이미 40이 넘은 생을 어딘가에서 살아가고 있겠지. 가까운 곳 통리 부근에 미인 폭포가 있다. 연애 시절 남편과 동행

했던 추억을 생각하다보니 퍽도 감회 깊은 태백시에서의 하룻밤이었다.

이튿날 임계를 지나 백봉령을 넘어 굽이굽이 산모퉁이를 돌아 친정집 동해시로 향하여 달리고 있을 때 이정표에 '옥계'라고 쓴 글이 눈에 띄었다. 옥계면 남양리(정산골)에 내 어린 시절 친구 J가 살던 곳, 친구 집에서 가재를 잡고 머루, 다래 따먹던 깊은 산골 추억이 불현 듯 머릿속을 스쳤다. "여보, 이쪽으로 새로운 길이 생겼나 봐요. 우리 이쪽으로 한 번 가 봐요." 핸들을 그 쪽으로 돌려 아랫마을을 향해 서서히 내려갔다. 지금은 도로 포장이 잘 되어 있지만 그 땐 이제 막 공사가 시작한 듯 진흙길을 헤치며 조금 내려오니 약 4킬로미터 구간만 마무리가 덜 된 상태였다. 울창한 활엽수림 잣나무, 참나무, 떡갈나무가 파릇파릇 이제 막 새 옷을 갈아입고 군데군데 노송이 쓰러져 태고의 세월을 말해주듯 산세도 아름답다.

이정표에서 약 8km쯤 내려갔을 때 숲 사이로 빨강 양철지붕이 보였다. 백봉령 아래 첫 동네, 여기가 정산골일까? 40년도 넘은 기억을 되살리며 마을로 들어서는 진입로는 뽀얀 시멘트 포장길 도로포장을 끝 낸지 며칠 안 된 옥양목처럼 눈부신 새 길이다.

길 양 옆에는 울창한 소나무에서 뿜어내는 송화 가루 그윽한 솔향, 그 소나무를 버팀 목하여 담쟁이덩굴이 기생하여 쭉쭉 뻗은 여린 나뭇잎 사이로 파랗게 보이는 하늘 그야말로 청정지역이다. 계곡에는 부식된 가랑잎 겹겹이 쌓였고 흐르는 물 또한 명경지수 반석위에 미끄러지듯 어느 참엔 방울방울 굴러 떨어지는 옥구슬이 된다.

마을 입구 작은 개울 두 줄기 합류한 작은 다리 위에서 나는 맑디맑은 물을 한참 내려다보았다. 그곳은 수초가 자라고 있었고 작은 물고기와 생명체들이 서로 유기적으로 결합하여 독특한 생태계를 유지하고 있는 그 무엇이 이처럼 맑고 순수함을 드러낼 수 있단 말인가. 한마디로 정착하고 싶은 마음이 나를 사로잡았다. "여보! 이 동네 참 좋다. 공기와 물이 맑아 그야말로 때 묻지 않은 자연환경이야. 우리 여기 살아요. 삼면이 산으로 둘러싸인 아늑한 마을."

남편도 동감인지 흔쾌히 승낙하여 사방을 둘러보니 인가는 드문드문 있었으나 사람은 만날 수 없었다. 개울 옆 바위틈에서 흐르는 맑고 청량한 약수를 마시고 작은 물고기의 활발한 지느러미 짓에 넋 읽고 있을 때 어른 한 분을 만날 수 있었다.

"아저씨! 이 동네 참 좋군요." 사방을 휘휘 돌아보며 "아저씨" 우리 이곳에 살고 싶은 데 어디 빈 집 없습니까? "왜 없어요. 저 집도 빈집, 그 옆에 큰 함석집도 비어 있어요. 오기만 하슈, 살게 해 드릴 테니." 하시며 아저씨께서 양 집을 손짓으로 가리키셨다.

너무 대답이 쉽기에 다시 한 번 "아저씨 농담 아닙니다. 새 삶의 뿌리를 여기에 내려 정착하고 싶어요."

그 때 흔쾌히 승낙하신 분이 바로 인정 많으신 윗집 최종국 아저씨이다. 말 나온 김에 산비탈에 매매로 나온 대지 약 250평 집터를 둘러보니 저렴하여 당장 계약을 약속했다. 그리고 이곳은 내가 찾던 친구네 동네는 아니고 아랫마을 회관에서 약 4km 더 들어간다고 일러 주었다.

40년 전에 걸어서 갔던 그 골짜기는 시내버스가 운행되고 가재잡던 개울은 내천으로 변해 있었다. 이곳 정산골은 집성촌으로 정씨가 모여 사는 곳, 대대로 동네를 지켜온 토박이들끼리 옹기종기 모여 사는 동네이다. 간신히 친구 오라버님 정한교 씨를 만날 수 있었고 그 댁에서 주신 커피는 향긋한 커피 향을 코 끝에 느끼며 지난 세월 이야기 끝에 친구가 지금 강릉에 살고 있다는 소식을 듣고 빈 집인 그 때 그 친구의 집에 방문할 수 있는 기회가 주어졌다.

마당에는 옛 주인이 오랜 세월동안 발길 닿지 않아 잡초와 이끼가 가득 자랐고 처마 밑 서까래와 도리 안에 거미줄이 쳐 주인 잃은 지 오래임을 스스로 말해 주고 있었다.

고가 지붕에도 풀씨가 떨어져 잡초가 자생하고 있고, 할아버지께서 한약방 하셨던 흔적이 누렇게 빛바랜 약봉지도 오랜 세월을 말해 주고, 가마솥 걸린 널찍한 부엌 옆 외양간도 텅 빈 채 황소가 둥근 눈알 굴리며 여물 먹고 되새김질하여 허연 침을 질질 흘린 모습도 눈에 선하고, 댓잎 우거진 뒷방에서 친구와 나란히 누워 곶감, 대추, 한과, 엿 등 주전부리하며 밤새 재잘거린 추억도 생각났다.

40년이 지난 지금 다시 대청마루에 걸터앉으니 뜰 앞 해묵은 모란꽃이 탐스럽게 피어 있었다. 도시로 떠나버린 빈 집만 덩그렇게 남아 터를 지키고 뜰 안 몇 그루 나무들도 처연히 피고지고 세월과 합류하고 있었다.

해거름 녘에 동해시 친정에 도착하니 음식 냄새가 집안 가득하고 부엌에도 제수용품이 풍성히 준비되어 있었다. 각지에 흩어진 형제가 모인 뜻 깊은 자리에 모처럼 막내인 내가 참석했으니 모두 반갑게 맞아 주셨고 생시 아버지께서 나를 막내라고 끔찍이도 사랑 해 주셨는데 이제야 참석하여 죄송스럽기도 했다.

이튿날 각자 현 위치로 돌아가기 바빴고 우리도 이제 노후 정착할 곳이 정해 졌으니 마음도 바빠졌다. 내친김에 전격적으로 일사천리 일에 착수하였다. 10년 가까이 비어 있던 집을 얻어 수리하기 시작하고 6칸 방은 벽을 헐고 방을 넓히고 부엌도 입실로 전기 수도도 끌어들이고 양철지붕은 까맣게 칠하고 벽은 화이트로 분주한 나날이었고 이웃 어른들께서도 바쁜 농사철 틈틈이 협동해 주신 덕분에 빠른 시일 내 개조 공사를 끝내고 드디어 정착한 보금자리를 마련하게 되었다.

우리 부부는 스케치 여행을 팔도를 돌아다니며 퇴직 후 정착하고자 미리 봐 둔 곳만도 여러 곳이었으나 어찌 단한 번도 와 보지 못 했던 이곳태백산 산맥 기슭에 자리 잡은 아름답고 평화로운 곳에 내 마음을 사로잡게 되어 전격적으로 뿌리를 내리게 되었는지 도무지 알 수 없다.

분명 필연의 땅인지도 모를 일이다. 서둘러 이삿짐이 내려오고 대충 정리가 끝났을 때 동네 분들을 모시고 간단한 식사 대접도 하였다. 자식들 모두 외지로 보내고 노인들만이 이 땅을 지키며 살아가는 식구래야 모두 10명이 한자리에 모이고 보니 50이 넘은 우리 부부가 제일 젊다며 청년 새댁이라 불러 주어 박장대소 한바탕 웃었다.

또 이 마을에 시내버스가 들어오지 않아 우리 차(승합차)로 장날이면 장터까지(약 20리) 운행 봉사하기로 했다. 5일마다 돌아오는 4일, 9일 장날이면 재래시장이 어김없이 열리고 반장(김승기)께서는 여지없이 앰프 방송이 시작된다.

"오늘 장에 가실 분은 새로 이사 오신 백선생님께서 차를 운행한다고 하오니 장에 가실 분은 8시까지 다리목깨(다릿목)로 나오시길 바랍니다."

방송을 들으시고 도라지, 옥수수, 들깨, 고추 등 환전할 수 있는 농산물은 무엇이든지 들고 나오시는 우리네 농촌 부모님들은 주름살마다 세파에 찌든 흔적에 허리 굽어지고 얼굴에 주름 패인 숱한 세월 다 이렇게 힘겹게 자식 뒷바라지하며 살아 오셨을 테지. 요즈음은 자동차나 있지 그 옛날은 머리에 이고 지게에 지고 20리길마다 않고 오르내리셨다고 하셨다.

새벽이면 정겨운 새소리 들려오고 맑은 공기 마시는 새로운 생활중 어느 날은 우리 집 추녀에 누가 갖다 놓았는지 싱싱한 토마토며 참외, 옥수수가 바구니 가득 놓여 져 있는 인정 풋풋함에 감사하며 살아간다.

널찍한 마당 한 곁에 상추며 쑥갓, 가지, 오이, 고추, 호박, 고구마까지 심은 내 생전 처음 경작해 보는 남새 밭에 연초록 새움 싹틔울 때 땅 위에 솟아오르는 걸 보며 하루가 다르게 자라는 과정을 보노라면 신비스럽다.

비료를 주지 않아 농약으로 분칠하지 않아도 노력의 대가만큼은 자연은 우리를 속이지 않고 뿌린 만큼 걷게 해 주었다. 텔레비젼 드라마 '전원일기'나 '대추나무 사랑 걸렸네' 프로그램에서나 볼 수 있었던 고향 같은 풍경, 반장 집에서 또 마이크 소리가 왕왕 하고 낯익은 음성이 앰프 확성기를 통해 들린다.

"안녕하십니까? 알려드리겠습니다. 지금 김남기 씨 댁에 괘기국(민물고기)을 끓여 놓았으니 한 분도 빠지지 마시고 꼭 오셔서 잡수시길 바랍니다."

마이크 소리는 삐이잉 하고 끝났다. 우리 부부도 빠질세라 득달같이 합세한다. 커다란 가마솥에 끓인 어죽 그릇 가득가득 퍼주는 인정 걸쭉하고, 벌근어죽(피라미, 빠가사리, 퉁가리)은 마치 밀가루 풀죽 같으나 부추, 양파, 깻잎 듬뿍 넣어 구수한 보신 어죽을 땀 뻘뻘 흘리며 둘러 앉아 먹는 정겨운 우리 이웃의 인정으로 살아간다.

도시에서 오랫동안 잊고 살았던 향촌의 밤은 하늘엔 무수한 별빛, 풀벌레 청아한 울음소리 들으며 밤은 이렇게 깊어만 가고 있다.

2장

어린시절의 회상

1 항아리

광대무변한 동해 낙조!

황홀한 아름다움이 살포시 물든 바닷가 옥계 금진 마을.

어스름한 옛날 내 어린 시절 초등학교 4학년 때 나는 어머님의 솔가로 이곳에 이사 왔다.

부산에서 왔기에 나의 경상도 사투리는 이곳 아이들에게 매우 생소하게 들렸고 그 때문에 낯선 곳에서 아이들에게 놀림도 많이 받았던 곳이기도 하다.

이 아름답고 조용한 어촌에서 어머님은 양조장을 경영하셨기에 우리 집에는 커다란 항아리(술독)가 수십 개 있었다.

아침이면 아궁이 장작불에 큰 가마솥 고두 밥 찌는 냄새 구수하고 그 뜨겁고 휘황하게 타오르는 장작불에 내 어린 시절 동무들은 동상의 손발을 녹이고 나는 이제 막 멍석에 펴 헤쳐 놓은 따끈하고 고들고들한 고두밥을 꽁꽁 뭉쳐 동무들에게 나누어주며 등굣길에 쫓기던 시절이 있었다.

또래와 술래잡기 할 땐 그 큰 항아리 뒤에 꼭꼭 숨을 수 있는 은신처가 되기도 하고 놀이가 싫증나면 항아리 속에 머리를 깊숙이 처박고 고함을 지르면 항아리 안의 우렁우렁 들리는 소리 또한 재미있었다.

그 재미난 놀이기구 항아리는 우리들 키에 못 미쳐 까치발도 모자라 의자 없이는 그 안을 들여다볼 수 없기에 의자 하나로 아귀다툼도 하고, 또 어머님이 주신 주전부리 감 돌 사탕은 얼마나 단단한지 하루 종일 빨아 먹을 수밖에 없었던 즐겁고 달콤한 추억도 있었다.

그러던 무더운 어느 여름날 땀과 먼지로 얼룩진 얼굴이 햇살에 빨그레 익은 아이들이 동네 골목에서 북새통을 이뤄 왁자지껄 우르르 뛰어가고 있어 나 또한 그들에 못 미쳐 덩달아 무조건 뛰었다. 한참을 뛰다 보니 우리 집 양조장 앞에서 멈추는 게 아닌가. 험상궂게 생긴 아저씨 한 분이 마치 총구에서 뛰어나온 탄환처럼 쏜살같이 우리 집 양조장 술 저장실까지 무소불위 뛰어 들어 가시는 게 아닌가. 마치 인사 불성한 사람처럼 그는 주실이 찌렁찌렁 울리는 목소리로 “이년! 어서 나와. 숨어 있으면 내가 못찾을 것 같아 너는 독 안에 든 쥐여.” 라고 말했다. 그의 얼굴은 살기로 번뜩였고 거침없이 술독 뚜껑을 하나하나 열기 시작하였다.

어른의 가슴까지 오는 약 20개 넘는 술독은 안쪽에 있는 것은 빈 것이고 출입구 쪽에 있는 것은 모두가 누룩과 고두밥이 숙성된 과정에 있는 것들이라 곰삭을수록 그 냄새가 코를 찔렀다. 술독 뚜껑을 열 때마다 풍겨 나오는 냄새도 아랑곳하지 않고 혈안이 된 아저씨는 빈 항아리까지 샅샅이 뒤지고 계셨다. 그 장면을 지켜보는 나는 제대로 숨도 쉬지 못하고 불안에 떨며 몹시 할딱이고 아연 긴장하고 있었다. ‘제발 저 항아리 안에 아무도 없기를…….

옥죄는 마음에 간절하게 ‘관세음보살! 관세음보살!’ 하고 기도를 하고 있었다.

내 어릴 때 늘 어머님의 불경소리를 들으며 자란 나는 나도 모르게 부처님의 자비를 찾고 있었다. 바로 그 때 무례한 아저씨의 고성대호가 하늘을 찔렀고 손아귀에 머리채를 한 웅 큼 쥔 만면 춘색과 비웃음이 가득 넘쳤다.

항아리 속에서는 절체절명 여인의 비명소리가 들려오고 머리끄덩일 휘어 잡힌 채 대성통곡하며 끌려 나오시는 한 아주머니가 계셨다. 그때 나는 형용할 수 없는 소름이 쫙 끼쳤고 너무 슬픈 충격에 그 아주머니가 딱하고 가엾어 차마 눈으로 볼 수 없는 광경을 목격한 것이 수십 년이 지난 지금도 생생이 기억에 각인되어 있다.

필시 그들은 다투던 끝에 뛰쳐나왔을 것이고 억세고 횡포한 남자의 저항에 못 이겨 줄행랑을 쳤을 것이다.

집으로 가자느니 못 간다느니 이유를 알 수 없는 시비는 이어지고 계속 윽박질러 끝내 힘이 딸린 아주머니는 아저씨의 손에 질질 끌려 멀리 사라져가고 있었다.

옛날 우리 집터였던 양조장 자리는 흔적조차 알 수 없고 30년이 지난 지금 바닷가에 높게 솟은 철조망 바리케이드만이 현재의 안보태세를 말해 주고 있을 뿐이다.

내 살과 뼈가 여물어진 어촌 이 바다에서 나는 수영도 하고 밤이면 모기떼를 피해 이 백사장에 자리 깔고 누워 쏟아지는 별을 헤아리다 잠드는 날이 많았다. 또 봄, 가을이면 멸치를 잡기 위해 마을 어른들은 뒷산에 올라가셨다. 짙푸른 물빛 멸치 떼가 나타나면 그 곳을 향해 목이 터져라 '후리야! 후리야!' 하고 소리 질러 지시를 하고 그 수신호에 따라 바다에 뜬 목선은 멸치 떼를 포위하여 그물을 내리고 백사장 양쪽에서 그물을 끌어올리는 저인망 어업이 성행했었다. 어영차, 영차, 힘껏 끌어 당겨 그물은 점점 좁혀지고 파도에 밀려 모래사장까지 올라 온 은빛 비늘 멸치는 파드닥 파드닥 뛰고 우리들은 잽싸게 잡아 바구니에 넣은 세월의 진상들이 주마등처럼 뇌리에 스쳐가고 그 때 어부들의 외침도 메아리쳐 귓전에 맴도는 것만 같다.

바다 저 멀리서부터 만선을 알리며 깃발 펄럭이고 돌아오던 돛단 어선도 지금은 볼 수 없고 잔잔한 풍랑의 합주만 들여오는 호막한 지금의 바다에는 은빛보다 더 화려한 갈매기만이 순백의 날갯짓으로 하늘높이 날아오르고 있다. 비 온 뒤 청아함과 폭풍 뒤 고요함같이 세월의 숨결이 담긴 그 항아리는 우리 집 뜰 푸르고 기름진 잔디밭 정원에 애락을 담고 조형물처럼 그렇게 서 있다.

2 일본인의 처세술

일본 교토는 내 안태의 고향이고 그 곳에서 태어나 유아기를 보냈다.

아버지께서는 교토에 있는 어느 의류 회사에 근무하셨고 우리 10남매 중 8명은 그곳 태생으로 오랜 세월 일본에서 살았다.

정부수립 해방 48년이 되던 해 귀국선을 타고 귀국한 말하자면 제일동포 출신인 셈이다. 고국에 돌아올 때 만 해도 막내였던 나는 다섯 살로 일본말을 아주 잘 했다는데 지금은 한마디도 못한다.

일본은 이웃이자 2002년 6월에 월드컵을 공동으로 개최한 이웃나라가 아닌가. 과거 우리 민족이 일본 치하에 굴복과 온갖 압박서러움에 오랜 세월 살아왔고 지금도 그 적대심이 앙금으로 남아 있는데다 교과서 왜곡문제, 독도 문제로 석연치 못한 관계를 유지하고 있다. 속히 일본은 과거를 뉘우치고 인정할 것은 인정하고 이후로 더 이상 문제를 일으킬 소재가 없었으면 좋겠다. 세계가 하나된 2002년 월드컵 때 우리나라가 4강에 진출을 하자 일본인들도 '필승 코리아'를 외치며 함께 기뻐해주었고, 결승전이 열리는 일본 요코하마로 와 주기를 바랐던 국민들이었으니 앞으로 좋은 관계 유지를 바라고 싶다.

비록 내가 일본에서 태어나긴 했으나 그렇다고 나는 일본 옹호론자가 아니다. 다만 일본인 국민성이 좋은 점은 우리도 본받았으면 좋겠다는 생각에 이 글을 쓰게 되었다. 일본인의 친절과 정직성은 자타가 공인해 주고 있기 때문이다.

일본인의 국민성이 좋은 예를 들면 다음과 같다.

일본 여성들은 항상 뜨개질과 색종이 접기를 생활화하고 있어 그 손놀림은 뇌 작용과 치매 예방에 도움이 된다고 하니 일석이조가 되는 셈이다. 또 부인들은 놀이터에서 놀고 있는 자녀를 아파트 고층에서 큰 소리로 절대 부르지 않고 조용히 내려가 아이를 불러들인다. 독서 또한 온 국민이 생활화하여 지하철에서도 많은 사람들이 책 읽는 모습을 볼 수 있고 우리 국민에 비해 독서율도 월등하다고 한다. 그리고 또 일본의 어느 호텔 화장실에서 일흔 살 가량 된 노인 청소부가 변기를 자기 집 귀중품 다루듯 정성스레 닦는 것을 보고 무척 감탄하였다는 어느 여행가의 글도 읽은 적이 있다. 늘 성실과 겸손한 생활이 어려서부터 몸에 배어 있어 1,000억 엔 이상 재산을 가진 30 명중 대부분이 일반인이 놀랄 만큼 검소한 생활을 하고 있다고 한다.

일본 부호의 경영 스타일 또한 기업을 확장하는 문어발식이 아니라 단일 업종 중심으로 확대해 나가는 한 우물 파기가 대부분이며, 경영자들은 아무리 어려워도 얼굴 표정에 그것을 드러내서는 안 된다는 신념을 갖고 있으며, 생활신조 역시 검소해 주택도 작은 평수, 차도 소형을 선호한다고 한다. 이런 근면성에 대해 우리는 어떠한가?

우리에겐 외환 위기로 불황이 몰아 닥쳤고 실업의 홍수를 동반한 A급 태풍으로 우리 가정이 산산이 부서져 먹고 살기 위해 주부가 매춘에 나서는 등 절박한 경제 속에서 성(性)은 이미 윤리의 차원을 넘어 생존의 문제로 갈 수밖에 없었던 때도 있었다. 그러나 그렇게 어려웠던 때에 온 국민이 협심하여 금 모으기에 동참하여 250톤이란 놀라운 성과로 국난을 극복하는데 조금의 보탬이 되는 인내와 희망으로 잘 견디어 냈던 때도 있었다. 이제 겨우 어려운 위기를 면해 환율과 금리가 올라가고 외채가 총 1,432억 달러로 계속 늘어만 가도 농촌 가구당 부채가 이천만 원이란 경제난을 우려하는 시기에 분에 넘치는 사치와 향락과 낭비와 허영의 망국적 폐풍으로 우리 민족의 건전한 생명을 좀 먹고 있다.

강남에 있는 술집에서는 몇 십 만원에서 몇 백 만원이 호가하는 고급 양주가 날개 돋친 듯이 잘 팔린다고 하고 금가루 섞인 음식까지 등장하며, 가전제품도 큰 것, 주택도 넓은 평수, 자동차도 차종에 따라 그 사람의 인품을 말해 주는 현실이라고 하니 참으로 한심스러운 일이 아닐 수 없다. 그러나 서민 중에서도 절약하여 힘들게 살아가는 가정이 많은 것도 사실이다. KBS 1 토요 프로그램 '사랑의 리퀘스트'를 보고 있노라면 따르릉 전화 한통으로 천 원의 위력이 한 주에 몇 천, 몇 억을 이루는 것을 보면 그래도 세상은 아름다운 마음을 가진 사람들이 더 많다는 것을 생각하게 된다. 가진 자들은 허영을 버린 검소한 생활을 했으면 좋겠다.

1989.5.21

3 강

휘휘 부는 바람 타고 잎 새 부딪치는 소리와 풀벌레 울어대는 강촌에 가을이 깊어간다. 바다와 강이 잘 어우러진 강포(지명 이름).

강의 발원지는 산골짜기와 북동 골로 깊은 계속에서 흘러내려 늪지와 갈대밭에서 합류하여 유유히 동해바다로 흘러간다.

내 유년 시절 이 강에서 민물장어를 잡을 때 수십 개의 낚시에 미꾸라지 미끼를 하여 강 상류에서 하류로 주낙을 띄워놓고 이튿날 오빠를 따라 강으로 향한다. 새벽 찬바람을 쏘이며 걷노라면 간밤에 내린 이슬은 솔가리에 하얗게 눈꽃을 피우고 서둘러 강가에 당도한 오빠와 나는 일엽 편주에 올라 청아한 물살을 가르며 주낙을 슬슬 당길 때면 동터 오른 붉은 햇살이 커다란 부챗살처럼 온 강 위에 빛을 고루 내려주고, 미끄러지듯 밀려오는 낚싯줄에는 길다란 민물장어가 흰 뱃살을 드러내 보이며 요동치고 올라 왔었다. 한 마리, 두 마리, 세 마리…….

헤아릴 수 없을 만큼 줄줄이 연속 걸려 올 때면 얼마나 신나고 즐겁든지 환호성이 저절로 터져 나왔다. 내 어릴 때 본 이 강폭은 한 없이 넓었고 수면 또한 청옥 빛 짙푸른 강이었으나 성인이 된 지금 다시 그 자리에 보니 강폭은 보잘 것 없는 지호지간이고 수심 또한 그다지 깊지 않았다.

어릴 때 본 것은 모두가 태산처럼 높고 커 보였는데 세월이 흘러도 변하지 않는 것이 있다면 옛날이나 지금이나 강은 여전히 조용히 흐르고 산 빛 물빛도 모두 그대로 흐르고 청호한 들국화와 갈대꽃도 그 자리에 다시 피어 너울거리고 있다는 것이다.

그 때 이 강에서 유유히 노닐던 물고기 중에 길이가 약 5cm 정도로 비늘이 참으로 영롱하고 아름다운 물고기가 있었다. 은빛과 청록색인 그 물고기는 몸 윗부분 여기 저기 분포한 날카로운 가시가 있어 나는 그 물고기를 나름대로 '가시고기'라 불렀다. 등에 뾰족하고 날카로운 가시가 있긴 하나 맑은 물 표면에서 한가로이 헤엄치는 그 모습은 참으로 신비스럽고 멋진 물고기로 기억된다.

지금에서야 사전을 찾아보니 가시고기는 큰 가시고기과의 바닷물고기로 길이 5cm쯤의 방추형으로 등지느러미 앞부분에 7-10개의 가시가 하나씩 독립하여 나 있는 물고기라고 표기되어 있다.

그럼 내가 본 그 가시고기는 바다가 아닌 왜 강에 있었을까? 혹시 연어처럼 바다로 넘나들며 먼 태평양까지 가서 살다가 산란을 하기 위해 고향 강 상류로 올라오는 고기는 아닐까? 거센 파도와 싸우며 살기에는 너무나 애처로운 고기로 생각된다. 수정 같은 맑은 강물에 놀던 그 신비스런 물고기를 나는 성인이 된 후로 한 번도 보지 못했다.

세월이 흘러 각종 공해와 환경오염으로 우리 토종 물고리가 멸종 위기에 있다고 하니 아마 내 기억 속에 있는 민물고기도 멸종되었는지도 모르겠다.

오랜 세월 묵묵히 지켜온 해변 잔솔은 거대한 노송으로 변해 있고 해변 가 해당화 군락지도 지금은 온데 간 데 없다.

그 옛날 해변 무리무리 붉게 핀 해당화를 생각하며 해당화 뿌리가 당뇨환자에게 좋다는 민간요법 때문인지 무분별한 채취로 보존하지 못함이 애석하다.

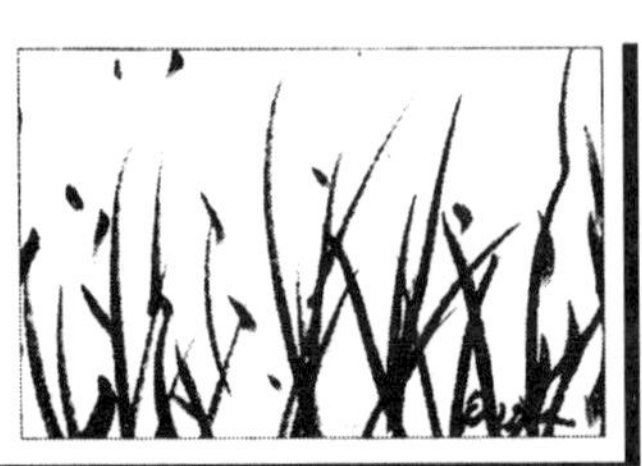

4 학동에서 만년(晩年)

강릉시 옥계 초등학교 34회 동창회는 여름 휴가철을 이용한 재경모임과 합석할 수 있도록 매년 8월 15일로 날을 정하고 지금까지 지켜오고 있다.

몇 년 전 나는 졸업 후 근(近) 40년 만에 처음으로 동창 모임을 참석하였다. 학동에서 건너 뛴 수십 년 만에 만난 얼굴들은 생소하기만 하고, 길에서 스쳐가도 모를 얼굴들이 많았다. 생의 길목 깊숙이 접어든 60대 초반에서야 만나고 보니 철없고 순박했던 동안(童顔)의 모습은 모두 사라지고 어느덧 대머리에 넘치는 뱃살, 머리도 희끗희끗, 세월의 경륜을 말해주고 있으나 그 와중에서도 아주 멋스러운 중후한 노신사의 모습으로 변한 동창도 있었다.

동창들은 호적에 박힌 이름은 내동댕이쳐 버리고 별명을 불러도 즉시 기억에 떠오르는 내 어릴 적 친구들이다. 그날 우리들은 두서없이 웃어가며 속내 풀고 언어의 띠도 느슨하게 풀어헤치고 육담과 익살로 적당히 맞장구 쳐가며 정겹고 홍겹기만 하였다.

6학년 때 함께 연극했던 친구 S군. 그는 사내였지만 머리에 수건을 쓰고 다소곳이 앉아 바느질하는 어머님의 역할을 무대에서 능숙하게 잘 소화해 냈었다. 그가 어머니역을 맡게 된 이유는 사내였으나 늘 계집애들과 어울려서 잘 놀았고 행동과 음성조차 중성에 가까웠기 때문이다. 철부지 우리들은 아무런 뜻도 모르고 그에게 '갈보'라는 별명을 붙여 주고 몹시 놀려 주기도 했었다.

짓궂은 사내들은 그의 성별이 의심스러워 확인한답시고 두 친구가 양쪽 팔을 잡고 강제로 바지를 확 끄집어내려 확인했다는 옛 이야기로 시작하여 우리들은 좌중 파안대소하고 또 한 친구는 수업 중 책상 옹이자리를 열심히 칼로 구멍 뚫다 선생님에게 호되게 야단맞은 이야기며 기억에서 멀어진 추억담이 이구동성 새록새록 쏟아져 나와 한동안 너스레를 떨었다.

학교에서 집까지 거리는 4km(십리). 지금은 흔적조차 없지만 그 옛날엔 교문에 나서면 길 양쪽에 아름드리 벚나무 울창하고 매미 소리 우렁찼다. 국도 비포장 도로변에 쭉 쭉 뻗은 미루나무 사이로 자동차가 붕 지날 때면 뽀얀 흙먼지 일었고, 나는 논두렁에서 개아자비, 물방개, 소금쟁이를 잡았으며 그러다 싫증나면 책보자기를 허리에 질끈 매고 터벅터벅 걷는다. 필통(알류미늄) 속에 연필 구르는 소리 재미있게 들려와 빨리 걸으면 요란하게 당그랑 당그랑 필통 속에서 광란의 춤을 추고 천천히 발을 옮기면 달~그락 달~그락 리듬에 맞춰 가속도 저속도에 별 장난도 다 해보고 또 길가에 나지막이 핀 들꽃도 따서 향내도 맡고 꿀도 쪽쪽 빨아 먹어보며 토끼꽃(클로버)으로 꽃반지도 만들어 끼워보고 풀피리도 만들어 불어보며 중간지점 낙풍 까지 왔다. 금진 마을 초입에 작은 터널이 있어 나는 야호~야호~ 힘껏 소리쳤다. 터널 안은 웅웅 울렸다.

이번에는 터널 위로 기어올랐다. 망초 꽃이 하얗게 핀 철둑에 올라 궤도에 귀 대면 멀리 기차 오는 소리도 들려오고 하얀 수증기 내 뿜으며 소리는 점점 더 가까이 잠시 후 디젤 기관차는 회오리

바람을 일으키며 기적을 울리며 내 곁을 빠르게 지나갔다.

그 때 신작로에 뽀얀 먼지를 일으키며 버스가 멎더니 한 사람이 내리고 차는 이내 떠났다.

차에서 내려 점점 내 가까이 걸어오시는 아주머님은 6·25 사변 시절 우리가 부산에서 살 때 우리 집에 피난 오셔서 몇 년 전쟁이 끝나는 동안 어머님과 호형호제하시며 살았던 아주머니였다.

추억은 언제나 향수에 젖어 즐겁다.

5 여고 시절(하나)

소중한 추억과 낭만이 있던 여고시절.

우리를 가르쳐 주셨던 국어 선생님이 오랜 세월이 흐른 지금도 아직 정경이 생생하다. 까만 양복에 백옥같이 눈부신 와이셔츠 차림에 꽤 멋쟁이셨으며 머리는 포마드 기름으로 깔끔히 단장하신 위풍당당한 그런 선생임이셨다.

화사한 분홍 자귀나무 꽃잎이 실바람에 나부끼는 6월 어느 날 식후 나른한 오수가 조석수처럼 밀려오는 오후 일이었다. 우리들은 수업의 권태로 마냥 지쳐 있었고 그 때 다혈질인 친구 하나가 기승을 부리기 시작하여 장난치고 싶은 충동에 백묵가루 잔뜩 묻은 칠판지우개를 교실 앞 문 윗 틈 사이에 끼워두고 선생님이 오시길 기다렸다.

2층 우리 반 교실 향해 층계를 올라오시는 것을 망보고 있던 친구가 황급히 뛰어와 "애들아 오신다. 오셔." 하고 알려 주었고 고삐 풀린 망아지처럼 날뛰었던 우리들은 삽시간 일사 불란히 제자리에 앉아 조용히 수업준비를 하고 있었다. 참으로 가증스럽게도…….

교실은 삽시간에 찬물을 끼얹듯 조용한 가운데 오금이 저려오는 심장 박동소리 쿵쿵 울리고 있었다. 바로 그 때 교실 앞문이 드르륵 열리는 순간 타당탕! 칠판지우개는 선생님 소매에 내리치고 내동댕이쳐졌다.

검정색 양복에 백묵가루는 마치 밀가루처럼 하얗게 뿌려지고 선생님 눈빛은 얼음장처럼 차갑게 느껴진 순간 선생님께서는 그 화를 삭이시려고 무던히 애쓰셨으나 그러나 사태는 심상치 않았다. 드디어 출석부를 탁하고 교탁 위에 놓으시고 불호령이 내리시는 얼굴에 서슬이 퍼랬다.

"누구 짓이냐? 나와!" 하시며 선생님께서 버럭 치시는 소리는 메카톤 급이었고 우리들은 와들와들 떨고 있었다. 북극 얼음지대 만큼이나 차갑고 싸늘한 분위기와 긴장감이 계속되었으며 수업을 포기하신 선생님은 마치 진범이라도 찾아내실 듯 우리들 한 사람 한 사람 천천히 훑어보시는 노기 충천 그 표정은 살벌하기만 했다.

"누구의 짓이냐, 나와!"

또 한 번 명령 내리셨으나 아무도 나오는 사람이 없었다.

"모두 책상 위에 무릎 꿇고 손들어!"

10분, 20분, 30분, 고요한 교실 벽시계 초침 소리만 째깍째깍 들려오고 시간이 점점 흐를수록 팔 무릎은 몹시 아팠고 나중에는 발에서 쥐까지 났다.

우리들은 후회하고 잘못을 호소했으나 선생님께서는 미동도 않으시고 창밖만 한없이 바라보고 계셨다.

너무너무 팔이 아파 여기저기에서 고통소리가 들려 왔을 때쯤 천주교 신자인 친구 김정숙이 선생님 앞에 나가 "제가 그랬습니다. 선생님 용서해 주십시오!" 하고 말했다. 선생님께서는 믿으려 하지 않으셨다. 그는 학급을 위해 대표로 십자가를 짊어진 허언자 이었음을 선생님께서는 마치 알고 계신 양 시간도 영원히 멈춰 버린 양 팔 다리 아픈 고통은 이어지고 수업시간 한 시간 50분은 마치 50시간처럼 왜 그렇게도 일일 여삼추 같았는지 드디어 애타게 기다리던 차임 벨이 울렸다.

선생님께서는 "반장은 교무실로 내려와!" 하시고 휑하니 교실 밖으로 나가셨다. 고통에서의 해방감. 우리는 저려온 다리와 아픈 오금을 펴고 팔다리를 주무르며 곧 짧은 시간을 이용한 궁여지책을 즉석에서 가졌다. 결과는 반장 한 사람만 희생하지 말고 우리 모두 교무실로 내려가자는 의견이 일치하여 재적수 모두가 일렬로 교무실로 향했다.

그 길고 긴 인간 띠의 장사진 행렬은 교무실 가장자리를 둘렀고 영문 모르신 다른 선생님들께서는 의아해하시며 "이 말광량이들 왜 이러시나?"고 말씀하셨지만 국어 선생님께서는 오만 방자한 우리들의 행동에 더 기가 막혀 가소롭다는 듯 "너희반은 모두가 반장이냐?"라며 선생님께서는 또 한 번 호통 치시며 들고 계시던 책을 쿵 소리 나게 덮으셨다. 우리는 진심으로 사죄하고 용서를 빌었으나 소용없었다. 다음 시간 시종이 울리자 우리는 교실로 향해 구렁이 담 넘어가듯 길고 긴 행렬의 꼬리는 유유히 사라지고 있었다.

방과 후 그 벌은 계속 이어지고 우리들은 뼈저리게 반성하며 운동장 몇 바퀴 땀 뻘뻘 흘리며 허덕허덕 뛰고 또 뛰었다. 종례시간 담임선생님(고도임)께 꾸지람은 또 얼마나 들었던가.

"너희들 고3이면 고3답게 공부나 열심히 할 것이지 담임 얼굴에 먹칠하느냐? 너무 창피해서 도저히 얼굴 들 수 없구나."

그 때 담임선생님의 꾸지람과 노여움이 지금도 생생이 기억된다. 철없던 우리들의 행동은 아무리 세월이 흘렀어도 시효가 없다고 생각하기에 지금에서야 사죄를 드린다. “선생님 사죄드립니다. 죄송합니다.”

2002년 임오년 올해 말띠 해를 맞고 보니 그 때 그토록 말썽꾸러기였던 우리들이 그중 극성인 42년 말띠들이 대부분이었다. 지금에 생각하니 그 때 장난을 시도한 친구의 우정을 위한 의리였을까? 아니면 철딱서니 없는 객기였을까? 자괴를 뼈저리게 느끼면서 선생님 정말 죄송합니다.

6 여고 시절(둘)

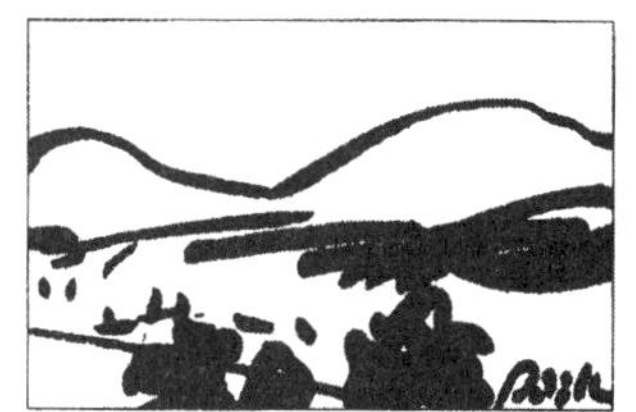

봄이 오고 신학기가 되자 생기발랄한 여고생들이 희망찬 발걸음으로 분주히 등교하는 모습을 보면서 불현 듯 지난 여고시절 추억이 새삼스레 기억에 아련히 떠오른다.

붉고 소담스런 꽃망울이 터져 그 향기 온 교정에 퍼져오던 여고시절 그 때도 계절은 변함없이 또 한해의 봄이 왔고 학교에서는 얼마 후 교내 환경심사가 있을 것이란 발표가 있자 우리 반 친구들은 곧 학급회를 소집했다.

이번 행사에 꼭 우리 반이 1등을 하자는 뜻이 모아지고 우리들은 화합하여 계획을 세우고 차질 없이 차근차근 일을 착수해 나가기로 약속하였다. 우선 제일 먼저 해야 할 일은 교실에 비치한 책상이 오랜 세월의 흔적에 칠이 벗기어 여기저기 흠집이 많아 보기 흉물스러웠으므로 우리들은 머리를 맞대고 이 궁리 저 궁리 하여 해결 방안을 모색한 결과 물 세척하기로 결론을 내리고 그 날 당장 방과 후 2인 1조가 되어 책걸상을 맞들고 남대천으로 나갔다. 학교에서 남대천까지 거리는 400-500미터로 꽤 먼 거리였으나 아랑곳 하지 않고 줄줄이 책걸상을 맞붙여 들고 남대천을 향했다.

천방에 오르니 탁 트인 상쾌함과 길섶 나지막이 노란 민들레꽃이 수줍은 듯 배시시 웃고 있는 완연한 봄날이었다.

우리는 둑에서 내려가 들고 간 책상을 냇물에 첨벙 담그고 수세미로 박박 문질러 덕지덕지 앉은 세월의 흔적 손때를 말끔히 지워 나갔다. 좁디좁은 닭장 같은 교실에서 벗어난 우리는 물 만난 오리 새끼들처럼 물장난에 흥겨운 콧노래도 불러가며 책걸상을 깨끗하게 닦고 또 닦았다.

책상 상판이 허옇게 되도록 얼마나 빡빡 문질렀는지 시간 가는 줄 몰랐고 덕분에 장시간 물 먹은 책상은 무겁기 짝이 없었다. 요즈음 학생들이 사용하는 책상은 책상 상판은 합판으로 책상다리 역시 파이프로 제작한 가볍고 심플하지만 1960년대 우리들이 사용했던 책걸상은 엄청 무거운데 게다가 몇 시간 물에 퉁퉁 불렸으니 그 무거운 것을 교실까지 운반하느라 힘도 들었지만 그래도 마냥 즐겁고 행복했었다.

낙엽 굴러가는 모습만 보아도 웃음이 절로 난다는 여고시절, 그땐 뭐가 그렇게도 재미있었는지 키득키득 낄낄 웃으며 뭐도 재미있어 했었다. 지금 생각하면 그저 일상의 일부이고 무덤덤한 일도 그 당시에는 뭐가 그렇게 재미있었는지 하기야 그 때 우리들의 하루하루는 삶 자체가 희망이요 사고(思考)는 무한한 환희요 행복한 미래만 펼쳐져 있었으니 그런지도 모를 일이다.

깨끗이 닦은 책상은 며칠 동안 물기를 말리고 상판은 먹물로 새까맣게 니스도 덧칠하였더니 반짝반짝 윤이 났다. 교실 마루 바닥은 양초로 칠하고 마른 걸레로 쓱쓱 몇날 며칠을 문질렀더니 낙상할 정도로 미끄러워 미끄럼 타다 콰당 넘어질 때도 종종 있었다.

친구들이 혼연 일체 되어 정열을 쏟은 덕분에 우리들 교실은 새롭게 단장 되었고, 또 교실 커튼은 어땠는가? 눈부시도록 하얗게 세탁하여 제자리에 다시 걸고 교탁 위에는 예쁘고 화사한 꽃장식을 한 청결한 교실로 새롭게 변신하였다.

온갖 정성을 다 기울여 꾸몄으나 그래도 다른 반에 뒤질세라 수없이 비교해 보았던 그 극성 때문에 화합하고 마음만 먹으면 교내 무슨 행사든 항상 1등은 우리 반이 떼어 놓은 당상처럼 그 때도 역시 우리 반에서 1등의 영광을 차지할 수 있었다.

요즈음 고3이면 입시 준비에 학원 강의, 자율 학습, 과외로 오로지 진학 준비에 여념 없을 테지만 우리 때는 그래도 그런 저런 낭만도 있었다. "이 말광양이들 먼 훗날 누가 데려갈지 정말 걱정이다 걱정이야." 하시며 노심초사 걱정해 주신 선생님들이 문득 뵙고 싶어진다.

인생의 진로 방향을 결정하는 중요한 때 미래의 꿈을 계획하고 최선을 다할 수 있는 조언과 채찍질 덕분에 강릉여고 17회 동창 모두 지금 각지의 주어진 위치에서 사명 다하며 잘 살아가고 있다.

선생님들의 노고에 진심으로 머리 숙여 감사를 드린다. 이제 우리들도 세월에 떠밀려 추억을 회상하며 살아가는 생애 뒤안길에 섰다. 스승님 감사합니다.

꿈 7

약수동 뒷산에 아카시아 꽃 향이 그윽한 계절이었다.

외출하려고 막 현관을 나서는데 올케언니께서 하시는 말씀에 나는 발걸음을 멈췄다.

"아가씨, 오늘 별일 없으시면 7시까지 꼭 귀가해야 해요."

"왜요, 무슨 일이 있으세요."

"도련님께서 친구 분을 모셔와 애기 씨와 맞선 보기로 약속했답니다.."

올케언니의 말씀을 듣는 순간 간밤 흉몽이 별안간 뇌리를 스쳤는데 생각조차 다시 하고 싶지 않은 꿈이었다.

윗니가 몽땅 빠졌는데 나는 그 빠진 이빨을 와작와작 씹어서 하늘 향해 푸푸하고 흩뿌린 꿈이었다. 한마디로 참으로 기분 나쁜 꿈이었고 그 악몽을 꾼 내 미혼 시절 24세 때의 일이다.

그 당시 시골 어머님께서 환 중에 계셨기에 윗니가 빠져 보이면 윗사람이 돌아가신다는데 혹시 어머님께서……. 이런 저런 불길한 사념을 떨쳐 버릴 수 없는 착잡한 마음으로 대문을 나섰다. 오랜만에 하늘을 우러러 보았다. 약수 동 저택들 담 밖으로 쭉쭉 뻗은 물오른 풍성한 나무사이로 청명한 하늘에 구름이 흘러가고 있었다.

터덕터덕 무거운 발걸음을 옮기며 걷다보니 지난 여고시절 내 언니가 들려준 이야기가 아련히 떠올랐다.

먼 훗날 네가 성인이 되고 특히 혼기 때 꾸는 꿈은 잘 기억하고 명심하여 꿈 해몽을 꼭 해 보라고 일러주신 말씀 그리고 언니의 경험을 내게 들려주신 것이 아직도 내 기억에 생생하다.

"하얀 백마 탄 왕자가 저 먼 곳에서 언니를 향해 막 숨가쁘게 달려오고 있었단다. 순간 언니는 꿈속에서 어찌할 바 몰라 우왕좌왕하고 있을 때 그 백마 탄 왕자는 언니의 머리 위를 훽 넘고 멀리 사라져 갔다고 했다."

프뢰벨에 의하면 꿈은 우리가 의식치 못한 잠재의식 속에 감추어 있던 일이 나타난다고 하였고 또 정신 분석자에 의하면 평소에 품고 있는 욕망이 꿈속에서 성취되는 현상으로 풀이하고 있다고 한다. 꿈은 소망 충족으로 서양 사람들은 꿈에 말(馬)을 타보는 것을 가장 좋은 길몽으로 여긴다고 한다. 고로 언니는 그 무렵 경찰인 형부와 맞선 보게 되었고 말 탄 기상이라 좋은 길몽으로 여기고 결혼을 하였다. 그러나 형부의 외도로 언니는 딸 둘을 데리고 결혼 생활 몇 년을 넘기지 못하고 이혼이란 가슴 아픈 고통을 겪어야 했다.

세월이 흐른 먼 훗날 백마 탄 형부는 언니를 무참히 짓밟은 것으로 해석이 너무나 분명한 현실 앞에 마치 오비이락이 된 셈이다.

또 다른 육촌 언니의 꿈은 저고리 앞섶에 바늘을 꽂아 보였단다. 그것도 실을 끼우지 않은 실 바늘을, 그 언니는 결혼생활 9년이 다 하도록 슬하에 자식이 없어 칠거지악(七去之惡)에 속하는 무자(無子)로 헤어지고 말았다. 우리 옛 말에 바늘 가는데 실 간다는 말로 부부는 항상 함께 함을 …….

꿈 해몽은 언니의 가슴에 못(針)을 박은 것으로, 그러나 너무나 분명한 사실은 세월이 흘러 형부와 언니는 각자 다른 배우자를 만나 재혼을 하였는데 형부도 아이를 가지게 되었고 언니도 아이를 낳았다는 사실에 숙연해 질 수 밖에 없었다.

꿈은 영적인 우리 인간에게 어떤 의미를 가져다주는지 모르지만 아무튼 불길한 흉몽을 그날 하필이면 맞선이라니 사건과 자신도 모르게 그 꿈을 연관 시키지 않을 수 없었고 공연히 맞선 볼 사람이 선입견에서 단도직입적으로 싫어졌다. 그래서 그 날 나는 늦은 시간까지 방황하다 9시가 넘어서야 귀가하게 되었고 대문 앞에서 초인종을 누르자 마당에서 신발 뒤축 끄는 소리가 들려오고 드디어 대문이 활짝 열리고 작은 오빠의 호통소리가 주위를 쩌렁쩌렁 울렸다., "도대체 지금이 몇 시냐?" 버럭 고함치시는 오빠에게 변명의 여지도 없이 잔뜩 긴장하고 오빠의 손에 끌려 거실로 들어서는 순간 훤칠한 키에 기골 장대한 모습에 우뚝 선 한 남자가 있었다. 얼굴에 안경 렌즈는 왜 그렇게도 두껍고 크게만 느껴졌는지 2시간 이상 기다려준 사람에게 예의의 인사도 차리지 못하고 그냥 첫 상면에 호감이 가지 않음을 나도 어쩔 수 없었다.

그 때 그 사람의 결혼 조건! 인간 됨됨이와 직장 모든 여건이 아무리 좋았던들 무엇하리. 그저 살면서 구름이 흐르고 바람 스치듯 잠깐 그렇게 스쳐간 사람이고 나와는 인연이 아니었음을…….

그러나 남편과 결혼할 당시에는 아무런 꿈도 없었다. 결혼은 하늘에서 맺어주는 인연이라 그저 천생연분이라 믿고 동고동락하며 남들처럼 열심히 살아 온 결혼생활이 올해로 37년째이다. 세월이 더 할수록 미운 정 고운 정 다 들어 앞으로 더 사랑하고 이해하며 남은여생 살아가리라.

회상

호젓한 솔숲에 왔다. 해수욕장에 합류한 강물은 예나 지금이나 유유히 흐르고 해수욕장은 철이 지나 인적이 드물고 넓은 푸른 바다와 끝없이 펼쳐진 모래사장만이 쓸쓸하고 고독하다. 파도가 밀려오고 밀려가는 해안에 반짝이는 조개껍질은 사그락 싸그락 닳아지고 모래밭에 그 많던 갯메꽃과 붉은 해당화도 흔적 없이 사라져 아쉽다. 여름이면 많은 인파가 몰려와 더위를 식히고 해송 우거진 솔숲에 텐트로 빼곡히 들어섰었는데 지금은 텅 빈 채 이듬해 제철만을 기다리고 있다. 강변 몇 채 집들도 옛사람은 대부분 떠나고 낯선 사람들만이 집을 개조하여 한여름 제철장사로 살아가고 있다. 내 어릴 적 기억엔 강가에 인접한 꽤 큰 기와집에 언청이가 살고 있었다. 그 집 부모는 옛날에 너무 가난하여 굶기를 밥 먹듯 하며 살았으나 '저 터에 집을 지으면 부자가 되고 살림은 늘어날지 모르나 자식이 흉한 꼴로 태어날 것이라'던 말을 듣고 가난이 너무 지긋지긋한 그 부모는 부자가 된다는 말에 현혹돼 전혀 개의(介意)치 않고 훗날 생각할 여지도 없이 그 터에 집을 지었다. 세월이 흘러 훗날 그 예언대로 부자는 되었으나 자식 하나가 언청이로 태어나 사람들의 곱지 못한 시선을 받으며 커갔다. 지금은 언청이쯤이야

간단한 수술로 치료가 가능하다.

그 때는 어쩔 수 없이 남에게 혐오감을 주며 그렇게 성장해 갈 수 밖에 없었다. 그 때 내 또래였으니 아마 지금쯤엔 어딘가에서 잘 살아가고 있겠지.

고향 떠난 사람들. 이렇게 다시 와 볼 수 있는 것만도 나는 행복하다. 많은 사람들이 고향 떠난 후 가고 싶어도 한 번도 가보지 못하고 그리워하며 살아가고 있다. 바닷가 노송 숲에 바람이 스친다.

새소리, 바람소리에 귀 기울이며 어릴 적 본 저 건너편 산도 그 때는 무척 높았는데 지금에 다시 보니 동산에 불과하다. 봄이면 온 산천에 진달래가 만발했었다.

친구들과 어울려 꽃잎(진달래) 따 먹고 입시울이 시퍼렇게 물들고 목화꽃이 필 때면 덜 영근 목화 열매도 따먹었던 그 달콤한 맛도 잊을 수 없다.

40년이 지난 지금, 바닷가 작은 가게에 들려 이 마을 옛 사람들을 만나보았더니 다행히 나를 기억해 주는 사람이 있었다. 얼굴에 굵은 주름이 패인 그 사람은 나를 자세히 바라보며 "아 그래! 옛날 양조장집 꼬마였던 여자아이가 바로 너였구나. 세월이 흘러 이젠 같이 늙어 가는 구나." 하며 반가워했다.

그 당시 우리 집에 가정 일을 돌봐주는 옥자라는 언니가 있었는데 그 언니 소식을 물었더니 이미 이 세상 사람이 아니라고 하여 잠시 숙연했다.

인간이 인간을 만난 것은 영원한 것이 아니다. 부딪쳐 스쳐 지나가기만 할뿐 이였을까? 어느 추운 겨울날 냇가에서 빨래 할 때 나는 너무 손이 시려 손만 호호 불고 있을 때 그 언니가 "어머님이 너를 빨래터에 함께 보냈지만 네가 무슨 빨래를 하겠냐. 그냥 말동무나 해 줘." 하며 나를 사랑해주었던 그 언니가 그 추운 날 얼음을 헤치고 빨래했던 생각이 스친다. 고무장갑도 없었던 시절 언니의 새빨간 두 손이 생각난다. 마음씨도 참 착했던 그 언니였다. 그 당시 우리 집에는 일본식 목욕탕이 있었다. 마을에서 시집가는 처녀들은 모두가 장작다발을 들과 와서 우리 집 목욕탕에 불을 지펴 목욕할 때도 옥자 언니는 언제나 자기 일처럼 두레박으로 물을 퍼 욕조에 채우고 불을 지펴 주었다. 그 천사 같던 언니를 이제 영영 볼 수 없다니 마음이 아프고 그립다. 원래 선한 사람들은 대부분 일찍 세상을 떠난다더니 과연 그런가. 뭐가 그리도 삶이 힘들었기에 제 명(命)도 다 하지 못한 채 젊은 나이에 영별하였단 말인가. 마음이 가장 맑을 때 사람들은 이 세상 모든 것과 통할 수 있고 내 아픔이 아니어도 아픔을 느낄 수 있고 내 기쁨이 아니어도 기쁨을 느낄 수 있다는 것을… 가마타고 언니가 시집가던 날 내 어머니도 울고 옥자 언니도 울며 그렇게 우리 곁을 떠났다. 옛날 향수에 젖은 조용하고 아름다웠던 모습들은 다 사라지고 바닷가에 인접한 횟집이며 민박들이 현대식 건물로 즐비하게 들어섰고 하루해가 비켜가는 자리에 서서히 일몰이 찾아들고 있다.

바람이 부는 솔밭 사이로….

94. Paik

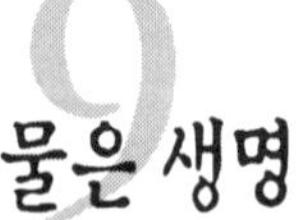

9 물은 생명

서울시민 58%가 수돗물을 못 먹는다고 대답했다. 그래서 인지 반드시 보리차 결명자차, 둥굴레차, 옥수수차를 끓여서 먹는다고 하고 또 생수를 사서 먹는 가정이나 아니면 정수기 사용도 많은 것으로 알고 있다.

그러나 서울 수도국 관계자에 의하면 수돗물 처리과정에 있어 취수장, 착수장, 혼화기, 침전기, 여과기, 염소 투입기, 정수기, 송수 펌프, 배수기, 이런 단계를 거쳐 각 가정에 공급하기 때문에 안심하고 먹어도 된다고 한다. 그러나 급수 과정에 있어 경우에 따라 낡은 수도관이나 또 아파트 경우에는 저장용 물탱크에 오염만 잘 처리한다면 별 탈 없다고 하니 고정관념을 버리고 그냥 수도꼭지에서 받아 바로 마실 수 있다고 하니 시민 건강을 위해 애쓰는 수도 사업관계자의 노고에 감사하고 있다.

내가 사는 동네 대치동 쌍용아파트 인접에는 양재천 하류이자 탄천이 합류하는 곳이다. 이곳 역시 지역사회 주민들이 천(川) 살리기 운동을 끊임없이 노력하여 지금은 맑고 깨끗한 자연환경을 되찾아 물고기와 철따라 찾아오는 조류의 수효도 많아졌다.

잉어며 참붕어, 누치, 모래무지, 피라미, 미꾸라지, 메기들의 활기

찬 수중 모습도 자주 볼 수 있고 또 둔치에는 철따라 피어난 야생화, 고마니, 애기똥풀, 메꽃, 털부처꽃, 옥잠화, 엉겅퀴, 붓꽃도 아름답게 피어나고 조류 종류만도 개개비, 흰 뺨 검둥오리, 쇠백로, 쇠오리, 중대백로, 왜가리, 해오라기도 자주 찾아오고 있으니 이 강(江)도 완전히 살아났다는 증거로 받아들일 수 있다. 세계에서 가장 깨끗한 물을 가진 뉴질랜드 타우프 호수는 즉석에서 물을 떠먹어도 괜찮다고 한다. 우리나라 역시 예로부터 금수강산이라 하여 얼마나 아름다운 국토였던가. 오염을 막고 속히 그 옛날 환경으로 되돌아갔으면 좋겠다는 생각을 가져본다. 유엔 환경계획(UNEP)은 오염된 물 때문에 매년 33억 인구가 질병으로 감염되고 그 중 5백 30만 명이 숨진다는 내용 보고도 나왔다.

물로 인해 8분당 한 명꼴 어린이들이 숨지고 어종의 5분의 1이 멸종위기에 처해 있다는 것이고 보면 우리의 대표 강(river) 영상강, 섬진강, 낙동강, 한강도 수질 검사 나빠졌다고 하여 대책이 불가피한 사항에 처해 강 되살리기 운동으로 몇 년 사이에 많은 노력으로 차츰 깨끗해지고 있는 실정이다. 물 수요는 인구 증가, 산업화 등으로 계속 증가하고 있는 반면 물 공급 또한 수자원 고갈 및 수질 오염의 악화 등으로 급감해 수자원 부족이 심화될 것이라는 전망이고 또 우리나라 물 소비량도 1인당 하루 평균 3백 96리터로 영국은 3백 23리터, 프랑스 2백 81리터, 덴마크 3백 46리터인 선진국에 비해 높은 수준에 물자원의 낭비가 심각하다고 한다. 물 소중함에 관한 인식이 부족하여 물을 '물 쓰듯'이란 말도 있다. 가끔 대중목욕탕이나 온천탕에서 목격한 예지만 물을 계속 틀어 놓아 대야에 물이 철철 넘기는 것을 볼 때면 '어쩜 저러고 싶을까?' 라는 생각에 그 사람의 됨됨과 인격이 의심스러워 곱지 않은 시선으로 한 번 쳐다보게 된다. 이미 유엔이 국제 인구 행동연구소가 물 압박국가로 분류하고 있을 정도로 한국도 예의가 아님에 불구하고 말이다.

물 부족 사태가 식량 안보와 가난 추방 환경 보호에 가장 심각한 장애물이 될 것이라고 경고하였다. 현재 29개국 5억 정도가 물 부족으로 고통 받고 있으며 2005년에는 그 숫자가 25억 명으로 크게 늘어날 것이라고 내다보고 있다. 아직은 직접 피부로 느껴보지 않아서 실감치 못한 사람도 많을 테지만 지금도 곳에 따라 여름이면 고지대에서 물 부족이 있고 그 밖에 많은 섬에서도 빗물에 의지하고 살아가는 곳도 많다.

나는 지난해 남해 미조항에서 뱃길로「조도」에 갔을 때 직접 목격 하였다. 그 섬에도 섬 전체가 물 부족으로 물을 금(金)보다 더 귀하게 여김을 체험하였다. 산 여기저기 몇 군데에서 웅덩이 물을 모아모아 호수를 타고 마을까지 끌어들인 공동우물은 그곳 사람들은 피와 땀만큼 소중이 여기고 있었다. 빗물을 받아서 허드렛물로 사용하고 쌀 씻은 물로 걸레 빨고 또 그 물은 채전에 급수항려 정말 물 한 방울이라도 헛되이 쓰지 않았다.

'한 방울의 물 아끼기'가 환경 사랑에 작은 실천이기에 절약만이 유일한 해결책이라 생각하고 우리 국민 하나 사람이 앞장서야겠다고 생각한다. 각 가정에서도 꼭 필요시에는 어쩔 수 없지만 설거지할 때도 가급적이면 물 오염을 막기 위해 세제를 피하고 물 한 방울의 절약이 우리는 '생명자원'이라는 인식 전환과 같이 물 부족 사태를 미리 대처하여 한 방울의 물이라도 아껴야 한다는 생각으로 지금 곧 실천해야겠다. 2025년에는 세계가 물 부족이라고 하니 더욱 더…

1989.5.21 안면도에서

3장

사랑

1 값진 교육

귀향도 좋고 귀거래도 좋지만 대책 없이 낙향하여 몇 개월을 지내다 보니 생활이 말이 아니다. 움직일 수 있는 능력이 있을 때 부지런히 활동해야 겠다는 생각에 다시 상경하게 되었고 서둘러 기간 제 교사로 다시 교단에 선지 몇 년이 흘렀다. 이 학교 저 학교 마치 철새마냥 결여가 생기는 자리에 강사로 다니는 것도 힘들었고 또 몇 푼 되지 않는 봉급에 방학 때면 월급마저 없으니 생활리듬도 깨지고 그래서 생각다 못해 궁여지책에 간병인 협회에서 주관하는 교육을 받고 대한 적십자에서 발행하는 가정보건 자격증을 취득했다.

직업에 귀천지별이 없다는 생각에 새로운 방면에 전환하여 새롭게 일해 보려는 의욕을 갖고 유니폼과 흰 샌들을 착용하고 일선에 뛰어 들었다. 이론과 실기를 교육받았으나 막상 일선 체험에 접하고 보니 나름대로 서툰 면도 많았으나 재치와 지혜를 동원하여 현명하게 그때그때 대처할 수 있었다. 환자 수발드는 것도 물론 힘들었지만 무엇보다도 가장 견디기 어려운 것은 침상에 누워 있는 환자의 오물처리로 비위가 약해 도저히 견딜 수 없는 것이 큰 고역이었다.

그런데 그날 의과대학을 수료한 레지던트가 본 대학 병원에 부임한 젊은 의사 선생님의 행동에 처음 일선에 나온 나에게 놀라운 본보기로 힘이 되어 주었고 나아가서 더 큰 감동까지 받기도 하였다.

인간의 귀중한 생명을 다루는 직업인으로서 환자를 위한 헌신적인 정신으로 그 젊은 의사는 일회용 글러브(비닐)을 착용하고 스스럼없이 환자의 항문에 손가락을 넣고 배설물을 끄집어내는 것을 본 나는 놀라움을 금치 못하고 그리고 그 모습은 너무나 훌륭하게 보여줬다.

마치 소설「허준」(동의보감, 이은성 작)에서 유의태 의원께서 환자의 피고름을 입으로 빨아내듯 말이다. 의사란 사명감에 궂은일을 하면서도 얼굴 표정은 마치 환자에 대한 수호천사와 같은 모습을 읽을 수 있었고 또 스스로를 반성하고 깨닫게도 했다.

비위 약한 욕지기와 메스꺼움에 찌푸렸던 내 낯 뜨거운 행동은 마치 인성을 초월한 순간의 내 모습을 역지사지로 본다면 참으로 가관일 것을 생각하니 자괴와 뉘우침에 얼굴 화끈함을 느낄 수 있었다.

그리고 그날 나는 내 아들 또래 밖에 되지 않은 그 젊은 레지던트를 통해 엄청난 깨달음을 느꼈다. 훌륭한 의학박사도 모두 어려운 고비를 넘겼을 것이고 한 생명을 위해선 어떠한 고통도 인내로서 견뎌야 함을 나는 그 의사로부터 받았던 것이다. 강한 사명감이 좋은 밑거름이 되어 오늘에 내가 있기까지 무언의 행동을 보여준 값진 훈도라고 생각한다.

협회에서 매회 많은 인원을 교육시켜 현장에 부딪치게 하지만 체험 후에는 대부분 견디지 못하고 그만 두는 예가 비일비재하다.

때로는 온갖 역겨움도 참아야 하고 또 환자에 따라 사람의 진을 빼고 밤잠을 설치게 하는 고된 노동에 비길 바 아닌 힘든 직업이기도 했다. 희생정신 없이는 도저히 지탱할 수 없다는 직업이라는 것을 깨닫고 참고 견디는 인내로 값진 삶의 좌표로 삼고 먼 훗날이 값진 체험담을 발판 삼아 아름다운 세상 이야기를 꾸밀 수 있음을 생각했다.

대단한 직업은 아니었으나 교직에 있을 땐 선생님 호칭에 융숭한 대접을 받았으나 지금은 간병 아주머니로……. 그러나 개의치 않고 세상을 밑바닥에서부터 경험하면서 겸손함을 배우려는 자세로 내가 좋아 내 스스로 선택한 작업이기에 직업을 사랑하고 긍지를 갖기로 했다.

신용금고 사장직 39년을 몸담아 있던 사람도 금뺏지 달던 전직 국회의원도 현재 택시기사로 만족하며 살아가고 있고 또 정년퇴직한 교장선생님도 경비직을 마다 않으시고 건강이 허락하고 움직일 수 있을 때 까지 건강을 위해서라도 열심히 일하며 살아간다고 했다.

내 비록 지금은 교사직과 간병직을 병행하고 있으나 앞으로 아픈 사람을 위해 전력을 기울여 희생할 생각이다. 내 폐부 깊숙한 마음속에 새로운 태양이 뜨겁게 이글거리고 있다.

땀 흘려 일할 수 있는 부지런한 직업인이 되고 이 일에 깊은 사랑을 갖는 직업인이 되리라. 좋아서 선택한 직업에 "일과 성의를 다 하리라" 굳은 약속을 하곤 했으나 때로는 치매 환자로부터 이유 없는 망언과 욕설도 다 감당해야만 하기에 그에 의한 스트레스도 많이 받을 때도 있다.

그럴 때면 창공을 향해 긴 호흡으로 감정을 추스리고 대학병원

고층에서 내려다보는 서울의 찬란한 야경을 휘돌아 보면 불야성 같은 불빛 속에 유달리 눈에 띄는 수많은 교회 붉은 십자가들이 안구내 들어오는 것만도 헤아릴 수 없으리만큼 많은 십자성 앞에 나는 숙연해지고, 고개 숙여 내 진실된 뜨거운 기도를 토해 낸다.

"주님! 치매 환자에게 가장 필요한 것은 약이 아니라 사랑과 관심입니다. 저 불행한 영혼을 주님의 보혈로 정결케 해 주옵소서. 부족한 저도 어떤 어려움이라도 참고 감당할 수 있도록 관용과 인내가 충만하게 해 주시옵소서."

기도가 끝나면 잠시 상했던 마음도 용서와 사랑으로 평온을 되찾게 되고 인간의 행복은 경쟁에서 승리나 재물도 아니고 자신의 가치와 보람을 찾음으로서 얻어진다고 생각하고 호흡과 같은 기도로서 자신을 위로한다. 오늘도 나는 묵묵히 내 주어진 사명을 다하여 어떤 일이든 열정적으로 온 몸 던져 열중한다면 삶 자체가 그렇게 힘들거나 실망스럽지 않을 것이라고 믿어본다.

아름답게 일하는 탓에 견디는 것이고 또 타성적인 직업인보다는 자기 신념에 사는 생활이 더 아름답고 더 나아가 온 힘 다해 삶을 살 때만이 후회 없는 죽음을 맞게 된다고 생각하고 자신의 일에 몰입하여 땀 흘리는 자에겐 진정 꽃보다 아름다운 것을 깨닫게 되고 내 비록 명예와 돈은 다 잃었지만 새로운 인생 공부는 그만큼 다 성숙해지고 있다.

2 진실된 이야기

가마솥 같은 더위가 며칠째 계속되고 있다. 열대야가 연일 기승을 부리고 있어 밤잠을 설친다. 열대야란 다음날 해뜨기 직전까지 기온이 25도 차가 넘는 현상으로 낮 동안 더워진 대지에 뿜어져 나온 복사열이 구름에 막혀 대기 중으로 발사하지 못하여 생기는 자연 이치를 우리 인간이 무슨 수로 막을 수 있으랴. 당분간 이 더위는 계속 된다니 참아야지 별 수 없는 일일 테고 이럴 때 소나기라도 한바탕 주룩주룩 퍼부어 열기를 식혀 주었으면 좋으련만 …….

지난해 이 무더운 삼복 중 그 환자는 세상을 하직하고 천국행 하셨다. 나와 환자의 인연 닿은 곳은 영도 세브란스 신관 8층, 60대 그 환자는 위암 수술을 받은 지 일 년 만에 난소에 전이되어 다시 입원한 환자이다.

요즈음은 날로 발전하는 의학 발달로 항암제를 투여하여도 머리카락이 빠지지 않은 환자가 많으나 그 때 그 분은 거듭된 항암제 치료로 머리카락이 다 빠져 깨끗하게 면도한 빈 머리는 마치 스님을 연상케 하는 두상에, 영양도 매우 좋지 못한 상태였다.

딸들이 번갈아 장만해 오는 음식도 그림에 떡이었고, 어느 날은 동병상련들과 병원 복도 휴식 공간인 의자에 나란히 앉아 하루하루 죽을 날을 향해 한 걸음 다가가는 황금 같은 시간을 아쉬워 애타하고 있을 때 문병 온 어느 젊은 여인이 그들 앞을 지나치다가 갑자기 옷매무새를 바르게 하고 다소곳이 합장하고 환자들에게 고개 숙여 공손히 인사를 올렸다.

아마 문병 온 그 젊은 여인은 같은 불자(佛子)인 스님들로 오인한 모양이다. 어떨 결에 환자들도 답례로 합장 배례하게 되었고 개중에 한 환자는 그게 아닌데 하며 손사래하며 쓸쓸한 표정을 지을 수밖에 없었던 웃지 못 할 에피소드도 있었고 또 어느 때는 공중목욕탕에서도 합장하고 공손히 인사하는 사람도 있었다고 하며 그들은 쓸쓸히 미소를 지었다.

위암 환자에겐 다른 암 환자에 비해 먹을 수 없는 것이 안타깝고 구토증까지 심해 옆에서 봐주는 것만도 애처로워 가슴 아팠다. 때는 4월! 병원 뜰에 갖가지 봄꽃들이 따사로운 햇볕을 받으며 다투어 핀 정원을 산책하다가 환자는 슬픔 가득한 얼굴로 내게 조용히 묻는다. 내가 과연 살 수 있을까? 라고. 암세포가 온 몸 안에 전이 되어 생명의 불씨가 하루하루 꺼져가는 말기 상태라는 것을 나는 알고 있으나 환자에게 마지막까지 용기와 희망을 주기 위해 선(善)의에 거짓말로 위로할 수밖에 없는 내 입장이 안타깝기만 하다.

"그럼요, 병을 고치기 위해 입원하신 것이고 환자의 의지에 따라 병을 이겨 낼 수 있으니 열심히 항암치료 받으며 천주님께 매달려 애원해 봅시다. 기적이란 것도 있을 테니까요." 환자는 천주교 신자였기에 나는 그렇게 말씀드릴 수밖에 없었다. 죽음이 날로 다가오는 현실 앞에 기도만이 최고의 위안이고 희망이 아니겠는가. 즉 기도는 호흡과 같으니 말이다.

병원 뜰에 핀 선홍색 꽃망울을 유심히 바라보시며 긴 한숨을 토해 낸 후 환자는 또 내게 말씀하셨다. "내년에도 이 아름다운 봄을 맞이할 수 있을까. 만약 그때까지 내가 살아 있다면 우리 집에 초대 할 테니 꼭 놀러 와요." 환자의 두 눈에 눈물이 주르륵 흘렀고 삶의 애착을 진하게 느끼고 있음을 역력히 느낄 수 있었다.

"우리 집은 인천이에요. 월미도가 바라다 보이는 경관 수려한 그린벨트 속에 있는 빌라에요. 지난해 그 집에 이사가 남편이 기념으로 밍크코트와 다이아반지도 해 주었는데 지난겨울에 딱 한 번 입어보고 이렇게 병원 생활이 길어지지 뭐에요.

그의 손에는 언제나 꼬옥 쥐어진 묵주가 여전히 한 알 한 알 돌아가고 있고 그의 영혼에도 언제나 천주님과 함께 하셨다.

그간 고부간에 심했던 갈등도 뉘우침으로 용서가 된다고 하셨고 가슴 깊이 묻은 앙금도 모두 속죄하며 비워 버리고 홀가분한 성스러운 마음으로 신부님께 고해성사를 하고 난 후 한결 마음이 편안하다고 하셨다.

묵주 쥔 묵상에 잠긴 망연자실한 모습으로 시부모님 좀 더 잘 모시지 못함을 진심으로 후회하고 인간의 욕심과 악의를 다 버린 선한 마음 앞에 그는 천사 같았다.

환자와 나는 1인실 병실에서 보낸 숱한 시간 속에서 환자께서는 지금까지 60평생 살아온 아름다웠던 지난날의 이야기와 남편과 연애시절 추억을 내게 들려주실 땐 그나마 무척 행복해 보였다. 그는 명문의 영문과 출신에 늘 타임지를 읽던 모습이 눈에 선하다.

죽음을 앞둔 환자들의 심리적 작용으로 첫 번째 단계인 부정기에서는 그 많고 많은 사람들 중에 왜 하필이면 나야 하고 믿기지 않은 현실 앞에 몸부림쳤고, 분노기에는 분한 마음에 세상 모든 것을 원망하고, 반항기에도 이유 없이 반항하며 거의 매일 울부짖었다.

협상기와 우울기를 지나 순응기, 이제는 조용히 죽음을 맞이하는 수용의 자세로 접어든지 오래다. 죽음을 스스로 받아들이고 삶의 정리를 하나하나 정리해갔다. 시간이 갈수록 진통제 몰핀은 말기 환자에게 마지막 투여하는 주사이다. 맞는 시간과 횟수가 점점 좁혀지고 환자는 환상과 환각상태에 허우적일 때면 정말 가엾어 볼 수가 없다.

처음 6시간 만에 한 번씩 투여하면 몰핀(진통제)도 4시간, 2시간, 1시간 나중에는 주사 맞은 지 30분도 채 되기 전에 또 재촉하신다. 그럴 땐 간호사, 주치의께 말씀드려도 소용없고 오로지 내 손만 꼭 잡고 나 좀 살려 달라고 애원하면 정말 나로선 괴롭고 안타깝다.

생명의 불씨가 꺼져가는 환자에게 내가 베풀 수 있는 것이라곤 진실 된 사랑과 보살핌만이 최선이고 그리고 환자에겐 늘 아름답고 좋은 기억만 하시라고 일러드렸다. 환자가 조석으로 묵주를 돌리며 천주님께 매달려 애원하던 기도문 고통, 환희, 영광도 나중에는 몹시 쇠약해져서 종이 한 장도 들고 읽기 힘든 지경이 되자 내가 대신 조석으로 읽어 드렸다.

침상에 누워 하얀 시크를 덮고 조용히 눈을 감고 묵주를 돌리던 그 둥글고 하얀 핏기 없는 표정을 보고 있노라면 가슴 쓰리고 아파 견딜 수 없었던 그 모습이 눈에 선하다. 환자는 나보다 몇 살 위였으므로 늘 사랑하는 동생을 대하듯 아우야 하고 힘없이 부르시는 목소리의 진언 속에 진실 된 인간의 마지막 향기가 짙었다.

그분은 캠퍼스 커플로 결혼하고 4남매를 키우며 고생도 많이 하셨다고 했다. 이제 겨우 기반잡고 살 만하니 이렇게 내 삶을 시기하는구나 하시며 몇 개월 나누었던 숱한 대화가 생각난다. 급기야 시간이 갈수록 용태가 나빠지고 호흡도 빨라지고 맥박도 떨어져 끝내 혼수상태에서 그 무덥던 여름날 사랑하는 가족들이 지켜보는 가운데 조용히 눈을 감으셨다.

2년 가까이 수차례 입·퇴원을 거듭하면서 이때가 마지막 길이 되려고 그랬는지 이번 입원할 때는 그 동안 손때 묻은 살림 하나 하나 쓰다듬어 보시고 장롱과 문갑에 스킨십도 하시고 현관에 나와 다시 뒤돌아보고 또 집안을 한 번 휘 돌아보시고 나온 것이 그 길이 다시 돌아 갈 수 없는 생애 마지막 길이 될 줄이야.

딸들은 곱씹으며 애통해 했다.

그 날 또 하나의 생명이 그렇게 천국행 하셨고 흰 시트에 덮인 채 싸늘한 시체 되어 영안실을 향해 그는 서서히 긴 복도로 사라지고 있었다. 가족들도 그동안 고생이 많으셨다. 회사 출근하기 전에 거의 매일 아침한 손에 반찬, 한 손에 국통 들고 병실에 들어선 그의 남편, 어느 날이었던가. 그의 남편은 빨간 티셔츠에 까만 바지를 입은 꽤 멋진 모습으로 병실에 들어섰을 때 환자는 앙칼스레 쏘아붙였다. “나는 이렇게 죽어가고 있는데 당신은 어느 년에게 잘 보이려고 그렇게 멋을 부려요.”라면서…….

그 앙칼진 반항은 예순의 연세에도 질투였을까? 최후의 발악이었을까? 그 포악에도 그의 남편은 곧 닥칠 사별을 염두에 두었기에 아무런 말씀도 못하고 백발의 머리카락만 표표히 휘날리고 있었다.

94. Paik

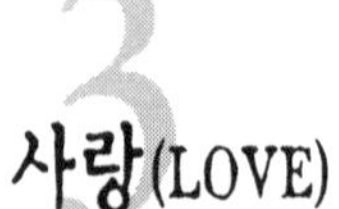

3 사랑(LOVE)

마른 잎 굴러 바람에 흩날리는 늦은 가을!

앙상한 나무들은 곧 닥쳐 올 추위를 다짐하며 스스로 엄숙해 지고 있다. K 병원 3인용 병실 창가 쪽의 30대 중반으로 보이는 환자는 남편과 자녀들을 둔 단란하고 행복한 가정주부였으나 어느 날 갑자기 예고 없이 닥친 교통사고로 투병생활 일 년이 넘었다고 했다. 침상에 누워 깊은 잠에 빠져 있는 환자는 사고 당시만 하여도 혼수상태에 생사를 넘나들었고 또 식물인간으로도 수개월, 그 동안 수술만도 대여섯 번이나 했다니 한마디로 만신창이가 된 영혼이다. 그러나 그 여인에겐 현대의학으로 다스릴 수 없는 남편의 보배로운 사랑의 힘이 있기에 보다 빨리 회복할 수 있었다. 산다는 것은 곧 사랑한다는 것이다. 늘 곁에서 정성껏 보살펴 준 간병아주머니의 보살핌도 큰 힘이 되어 주었으나 그러나 더욱 쾌유가 빨랐던 것은 남편의 극진한 사랑이 있었음에 아내를 다시 일으켜 세운 것으로 믿고 싶다.

그는 낮 동안은 할 수 없이 간병인의 도움을 받았으나 퇴근 후부터 이튿날 전까지는 남편은 몸으로 애썼다. 사고 후 지금까지 곁에서 지켜온 사람들은 도저히 회복하기 어려울 것이라고들 걱정했으나 그러나 그 남편은 무거운 멍에를 짊어지고도 창창한 세월 앞에 지극 정성 아내를 보살핀 사랑이 있었기에 누워만 있던 아내를 지금처럼 일어나 앉을 수 있게 했고 또 일그러진 표정에 바른 발음은 못되었으나 띄엄띄엄 한 마디 한 마디 의사 전달이 될 때까지 그 남편의 절절한 갈망과 희망으로 늘 자기의 영혼 다 열어 줄 수 있는 진실을 키워 나가며 무던히도 애쓴 결과가 아닐까. 아주 조금씩 눈에 띄지 않는 미미한 회복에도 그는 감사했으며 아내를 포근히 감싸 안고 뜨겁게 포옹했다. '사랑해' 와 '고마워'의 단어를 아내에게 가르치는데도 숱한 시간과 노력이 있었다고 하였다.

그러던 어느 날 아내의 해맑은 모습으로 턱은 파르르 떨리고 사지가 뒤 틀리고 버르적거린 안간힘에 어렵게 간신히 입을 열어 남편에게 들려주는 단어가 '사-사-사-라-라-랑해'인데 너무나도 힘겹게 표현하는 아내를 그의 남편은 왈칵 끌어안고 기쁨의 눈물을 흘렸다. 멀쩡했던 아내가 한순간에 이렇게 된 사고를 야속해하며 두 눈에 눈물이 주르륵 흘린 그 남편은 비록 그 순간에 벅찬 감동을 말하지 않았으나 사랑한 부부의 참된 가치에 대한 근본적인 성찰에 아마 한 권의 책만큼이나 많은 이야기를 가슴에 간직하고 있음을 느낄 수 있었고 끝내 옆에서 지켜보는 이의 심금까지 울려 눈시울이 뜨겁게 하였다.

비록 버르적거린 행동으로나마 감기듯 편안함을 느끼며 다소곳 남편의 가슴에 얼굴을 묻고 희죽 희죽 웃는 모습은 마치 어린아이의 모습으로 변해버린, 장애인으로 돌아갈 수밖에 없는 그 영혼 앞에서 그 남편은 온 세상을 다 얻은 만큼이나 기뻐하고 고마워했다. 평생을 성실히 망설임 없이 서약하는 깊은 신의를 갖고 있었다. 사랑! 사랑처럼 진실한 것은 없다. 참 가슴 뿌듯한 단어이다. 사랑에 아파 보지 않았다면 긴 여로를 다 채우는 고독의 감미를 어떻게 안다고 하리.

끝 간 데 없는 무한대의 사랑, 넘치는 남편의 모습은 언제 보아도 연하고 향기로웠다. 처음 사고 당시만 해도 세상사 불여의이니 올 것이 왔구나하고 대처할 각오가 되어 있었으나 차츰 시간이 가고 사경의 고비를 넘기고 회생할 수 있다는 희망이 조금씩 보이자 그의 남편은 내 어떠한 고난도 견딜 수 있으니 존재의 가치만도 무한한 희망이요 힘이 되어 주었다고 했다.

낮에는 직장에서 수고하고 밤에는 쉴 틈 없이 아내 수발에 지쳐 있기에 주위에서 24시간 돌봐줄 간병인을 권했으나 그는 굳이 마다했다. 밤이면 보호자용 간이 침상에 웅크리고 새우잠을 자고 새벽 동트기 전 일찍 일어나 아내를 세안, 세발 시키고 이 닦기, 환자 옷 갈아입히기, 식사시간만도 2시간이나 걸리고 밥알이 바깥으로 밀려 나오면 쓸어 넣어주는 그 아름다운 사랑 앞에 꼭 언젠가는 아내를 쾌유 시킬 수 있는 그날이 하루 속히 오기를 주위의 모든 분들도 함께 간절히 바랐다. 남편의 뜨겁고 헌신적인 사랑이 늘 곁에 있기에 그에게는 기쁨이 있고 향기가 있고 보람이 있고 행복이 있었다. 곁에서 지켜보는 우리 모두 불쌍히 여기는 마음으로 속히 그 아내의 완쾌를 기원하면서 창밖엔 스산한 바람이 겨울을 재촉하고 있다.

4 행운 유수(行雲流水)

뜨거운 태양이 따갑게 쏟아지는 7월 오후.

정말 견디기가 힘들다. 밤은 열대야로 잠을 이룰 수 없고 낮에는 폭음이 전국을 휩쓸어 며칠째 수은주는 계속 30도를 웃도는 요즈음 하루에도 몇 번씩 냉수로 온몸에 쫘쫘 끼얹어도 열은 좀처럼 식을 줄 모른다. 오늘 따라 에어컨도 제 성능에 못 미치고 아! 숨통이 콱콱 막혀 못 견딜 만큼 고통스럽다.

옆에 환자는 시간이 갈수록 치매 빈도가 심하고, 같은 말 같은 행동을 수십 번 거듭하니 연민과 짜증이 동시에 교차한다. 환자의 뇌 회전을 위해 나이와 집 주소, 전화번호를 기억토록 했더니 하루에도 골백번 더 묻고, 오늘따라 병실 소독약 냄새까지 역할정도로 진하다. 조용히 눈을 감고 침묵하며 명상에 잠겨 자아 반성하기도 했다. 내 지금껏 직업에 귀천을 잊은 채 나 스스로가 좋아서 선택한 일이기에 사명을 다하며 보람과 긍지로 성심성의껏 최선을 다해 환자를 돌보아 왔으나 날씨 탓과 불쾌지수가 높아 괜스레이 짜증스럽기만 했다.

아직껏 어느 곳이나 내 손길이 필요로 하는 곳이라면 단숨에 달려가 열심히 최선을 다해 일해 왔다는 자긍심 하나로 버텨온 내가 아닌가. 아! 속히 이 무더운 삼복더위가 물러갔으면 좋겠다. 조용히 눈을 감고 스스로를 달래며 텔레비전 유선 방송 채널을 이리저리 옮겨 보았다. 파랗게 물들 것만 같은 짙푸른 잉크 색 바다가 화면 가득 펼쳐진다. 끝없이 펼쳐진 모래사장 해변 가와 장흥 반도, 고흥 반도, 남해 쪽빛 바다는 보는 이의 가슴을 시원하게 해주는 계절에 잘 맞는 좋은 프로그램이라 생각하고 감사한 마음으로 빠져 든다. 그 어느 여행인들 이렇게도 한꺼번에 많은 바다의 절경을 볼 수 있을까. 사람의 발길 닿지 않는 곳까지 속속들이 구경할 수 있음에 더욱 감사한다. 괴암 괴석 절벽과 끝없이 펼쳐진 깊푸른 바다와 갈매기도 퍽 환상적이다. 바위섬에 부딪혀 철석거리는 파도소리와 파도에 밀려 오가는 윤기 나는 까만 조약돌을 바라보는 것만도 행복하고 발목이 시린 듯한 느낌이 들고 그 해변을 마냥 걷고 싶다. 지나온 수십 년 동안 방학이 있는 유일한 교직생활 덕분에 여름이면 더위를 피해 계곡으로 바다로 다녔으나 금년 여름은 꼼짝없이 환자에게 메이게 된 사명감의 현실 앞에 참고 견뎌야만 할 것이고 이마에 송골송골 맺는 땀방울과 몸둥아리에 척척 엉겨 붙은 더위도 모두 참아야 할 것 같다.

환자의 고통에 비하면 멀쩡한 육신에 사치스런 생각 같아 현실에 만족하며 낙천적으로 즐겁게 살아야겠다고 다짐해 본다. 인간세상 기왕이면 새옹지마 모든 것이 마음가짐에 달린 게 아닌가. 유리 세공자나 숯을 굽는 사람들과 대장간 장인들도 모두 이보다 더한 불구덩이 속에서 비지땀을 흘리며 유일한 호구지책으로 먹고 살아가는 수단으로 살아가고 있지 않은가.

"위를 쳐다보지 말고 아래를 내려다보며 살라."는 우리 옛 선인들의 말씀을 명심하고 이만한 더위쯤이야 참아야지. 우리는 늘 마시는 공기의 고마움을 모르고 살아가듯 언젠가 신문에서 읽은 기사 내용에 감동을 받았으므로 여기 옮겨 적어 볼까 한다.

미국의 철학자인 클레이풀 교수가 한 친구 집에 방문했을 때의 일이다. 친구의 집에는 두 딸과 두 다리가 없는 친구의 여동생을 보고 깜짝 놀랐다고 한다. 소녀는 기형 아이였다. 그러나 예술에 대한 정서가 발달해 음악과 예술에 조예가 깊었다.

클레이플이 소녀에게 물었다. "내가 네 처지였다면 아마 견디지 못했을 거야. 무엇이 너를 그렇게 맑은 얼굴로 바꾸어 놓았지?" 소녀는 눈을 반짝이며 말했다고 한다. "제가 가진 것은 너무 많아요. 음악도 듣고 명작을 읽을 수 있는 귀와 눈이 있고, 가족과 친구들의 사랑도 있고요. 그러나 무엇보다 중요한 것은 내 마음 속에 예수 그리스도가 있고, 내 마음 가짐이 있기에 이렇게 보물이 많은데 왜 내가 슬퍼해야 하죠?"

플레이프 교수는 소녀의 고백에 큰 충격을 받았다고 한다.

마음먹기에 따라 생각도 바뀌어 지고 삶 자체도 달라짐을 이 글에서 느낄 수 있으며 세상사 우리의 삶도 모든 것에 긍정적으로 받아들이며 살아가면 좋겠다는 교훈으로 받아들이고 싶다.

5 어느 남편의 눈물

어둠 채 가시기 전 희뿌연 새벽!

대학병원 고층에서 내려다보니 영안실을 향해 노랑, 하얀색 국화꽃으로 장식한 화환이 배달되고 있다. 간밤에 또 한 명의 생명이 세상을 떠났나 보다. 산부인과 산실에서는 끊임없이 새 생명이 탄생하고 지척에서는 죽어가는 사(死)와 생(生)이 쉴 틈 없이 거듭하고 있다. 인생이란 낳고 죽음의 함수관계에서 시작하고 잉태의 순간도 모정의 함수일지도 모르겠다.

근간 몇 날을 죽음을 목전에 둔 암 환자를 보살피는 호스피스로 주어진 사명을 다하느라 환자에게 부대끼며 밤잠을 설쳤더니 피로가 겹쳐 심신이 고달프고 피곤이 몰려 왔다. 휴식이나 퇴근이 없는 24시간 근무에 참 고달픈 몇 날이 인생에 많은 것을 생각하게 했다.

"눈물 젖은 빵을 먹어 보지 못한 사람은 인생의 진정한 맛을 알지 못한다."(괴테의 명구)고 하였고 또 피땀 흘려 돈을 벌어 본 사람만이 돈의 소중함을 알듯이 이 고달픈 직업을 갖고부터 나는 새로운 삶의 값어치를 알게 되고 또 삶의 진정한 가치도 알게 되었다. 많은 불치병 환자들이 삶과 죽음의 기로에 서서 살고 싶어 하는 인간 본능에서 우러나온 그들의 흘리는 눈물을 보았을 때 만감이 떠올랐고 반면 아득바득 천차만별의 성격을 지닌 환자 보호자들의 작은 이해타산을 보면서 처한 입장에 따라 극과 극의 마음가짐이 많이 달라 질 수 있음을 알게도 했다.

이번에 만난 환자는 대장암, 항문이 없어지고 대장도 짧아진 환자이다. 배설은 복부 한쪽에 단추만한 작은 구멍을 낸 인공항문으로 변을 받아내는 클로스토미 백을 달고 있었다. 나는 현대 의술에 감탄하며, 이러한 환자는 처음 보게 되었다.

인공항문을 '스토마'러고 부르고 스토마를 가진 사람을 '오스트마'라고 했다. 의술은 놀랄 정도로 최첨단으로 발전하고 심장을 비롯한 장 기능 이식으로 죽어가는 생명을 얼마든지 새 생명으로 탄생하게 하는데 암은 왜 아직도 불치병으로 완쾌가 불가능하여 많은 생명을 앗아가야만 하는지 안타깝다.

대부분의 암은 고통을 느낄 때면 이미 상당히 진행 중이라고 하고 말기로 판명 나면 어쩔 수 없이 죽음을 맞아야 한다고 했다. 도대체 인간이 수용할 수 있는 고통의 한계는 얼마나 될 까. 며칠 사이에 환자는 눈이 퀭하고 옆 병실 폐암 환자는 마지막 고통을 견딜 수 없었는지 '으아악~아악' 신음소리가 간밤에 밤새껏 긴 여운으로 돌아와 가슴 쓰리고 애잔한 밤이었으나 새벽에 운명하였단다.

지난해 통계로 8만 500명의 암환자가 발생하였고 5만 1,000명이 사망하였다고 한다., 지금도 30-50만이 사투를 벌이고 있는 중이란다.

며칠 전 신문 기사를 통해 암세포 불사의 비밀이 풀렸다는 글을 읽었다.

캐나다 앨러타대의 크리스 블리클리 박사와 브루스 모리카 박사가 참가한 연구팀은 암세포의 경우 세포가 면역체계로부터 공격받는 부위인 수용체를 없애 공격을 피한다는 사실을 밝혀냈다.

정상세포의 포면에는 킬러세포와 반응할 수 있는 수용체가 있어 세포를 죽이는 효소를 들여보내 세포를 파괴하고 바이러스도 퇴치한다고 했다.

아무튼 하루 속히 많은 암환자들이 살아날 수 있기를 바란다.

50대 후반인 환자는 차분한 성격에 인내심도 강하다. 식사도 제대로 못하고 링거주사와 누케어(고단백 캔 음료)로 하루하루 명맥을 이어가며 지칠 대로 지쳐 기력이 쇠잔한 상태에도 불구하고 가급적 자기 일은 스스로 하려는 노력이 대단하신 분이었다. 곁에 시중드는 사람이 있는 대도 불구하고 말이다. 남편 앞에서도 환자 스스로의 나약함을 절대 보이지 않으려고 애쓰는 그 모습 또한 아직도 남아 있는 자존심이라고 할까 자부심이라고 할까. 아무튼 대단하신 분이다. 오히려 남편이 아내 앞에서 눈물을 보일 때면 "무슨 남자가 그렇게도 눈물이 많으시냐?"고 핀잔을 주기도 하셨다. 그리고 본인은 입술을 깨물어가며 눈물을 참으려고 애쓰셨던 모습에 내 마음은 더욱 애잔했다. "그래 울지 않을게, 다신 울지 않을게."

눈물 가득 고인 눈을 들어 하늘을 향해 창 밖 먼 곳을 바라보며 울분을 가슴으로 곰 삭이고 또 삭힌 그의 남편이었다. 이제 생의 예정된 여행의 종착역이 가까워 온 아내의 모습을 지켜보며 젊었을 땐 누구나 자식 뒷바라지에 세월을 잊고 바삐 살다가 이제 노후 되어 행복한 여생이 시작될 때 쯤 이런 이별의 아픔이 예약되었으니 비통함을 누가 막을 수 있으랴.

흔히들 부인이 죽으면 그 남편은 화장실에 가서 웃는다는 말이 있다. 아마 애정이 없고 철없이 살아온 부부를 두고 한말이 아닐까. 이 부부 역시 오랜 세월 30년 넘게 희로애락을 함께 한 부부가 아닌가. 용태가 급격히 나빠진 아내에게 문병 때마다 부둥켜안고 흐느끼는 그 남편은 유달리 정 많고 눈물이 많았다. 허구한 날 눈물로 병실에서 돌아가곤 하셨다. 오늘은 영원한 작별인사가 될지? 숙연한 병실 분위기에서 노도의 슬픔이 몰려오는 순간에 사랑하는 가족 모두에게 한 명 한 명 눈을 마주치며 인사를 나누었다. 그리고 마지막 나를 향해 뭐라고 하얗게 마른 입술을 파르르 떨며 입술을 달싹거렸다. 아마 그 동안 고생 많았다는 고마움의 인사를 눈으로 말씀하셨음에 가슴 뭉클하고 눈시울이 뜨거워 왔다. '예, 편히 꼭 천당 가세요.' 나는 목례로 답례를 대신하였다. 또 한 명의 생명이 마지막 먼 길을 떠날 채비를 한다.

환자가 위급한 상황에 처하면 의사, 간호사는 행동이 민첩해지고 최선의 장비가 동원된다. 산소마스크에서 인공 심장 박동기, 모니터로 환자의 맥박을 읽을 수 있는 숫자가 130, 90, 70, 50 점점 수치가 떨어져 가는 긴장 속에서 자막을 지켜보는 가족들은 조여드는 마음과 침울한 가운데 환자는 핏기 없는 얼굴로 조용히 눈을 감은 채 몇 번 숨을 몰아쉬더니 서서히 숨을 거두셨다.

생시 부모님의 속을 몹시도 썩혔다는 막내딸은 잠시 아래층 로비에 내려간 사이라 임종을 지키지 못했다. 임종 자식이 따로 있다는 말을 실감케 하였고 마지막 떠나심마저도 지켜보지 못한 죄책감에 딸은 애달파하였고 남편은 숨 끊어진 아내를 끌어안고 방성통곡도 모자라 병실 바닥에 털썩 주저앉아 바닥을 치고 가슴을 치며 '여보! 여보!' 몸부림치며 가슴 깊은 속에서 솟아나는 슬픔에 울부짖는다. "나는 어떻게 살라하고, 당신이 떠나면 나는 어떻게 해 여보! 여보!" 이미 사별이 예정된 것이었지만 말 그대로 목불인견의 참상이었다. 통곡하며 남편은 병실바닥에 뒹굴며 애통과 오열로 아내를 부르는 소리는 멀리 섹스폰 음향과 같이 구슬프게 복도 밖까지 메아리쳐 나갔다.

병원 측은 속결로 싸늘한 시체로 변한 그의 아내를 시트로 덮고 안치실로 운송하였고 그 뒤를 유족들이 흐느끼며 뒤따라가는 모습을 나는 우두커니 서서 지켜보았다. 호스피스는 죽음이 임박한 환자를 돌보다 운명하면 그 임무는 끝난다. 그러나 이번 사정은 달랐다. 끝까지 내 손길이 닿았던 그들의 어머님이자 아내의 채취를 좀 더 느끼고 싶다며 나에게 장례식까지 돌봐 달라는 유족의 간곡한 부탁에 나는 서둘러 영안실로 내려갔다.

지하 영안실은 20평형, 10평형에 각각 영정을 모신 곳이 이미 꽉 차 있었다. 개 중에는 젊은 나이에 죽음을 맞이한 영정 앞에 애통해하는 부모 모습도 볼 수 있었고 또 수많은 영혼들은 이승을 떠나기 싫어 영안실을 맴돌고 있는 것 같은 느낌을 받으며 밀려오는 문상객 접대로 분주한 이틀을 보내고 발인 날을 맞았다.

장지는 강릉이라 했다. 새삼스레 인연이 참 묘함을 느끼며 서둘러 유족들과 영구차에 올랐다. 송년이 서서히 물러가고 신년을 며칠 앞둔 12월의 날씨는 매섭고 차갑다. 새벽에 눈(雪)까지 살짝 내려 노면은 상당히 미끄럽고 버스 안은 을씨년스럽고 상주를 비롯한 장지까지 동승한 모두가 추위에 떨며 동트기 전에 차는 출발했다. 나들목을 빠져 나온 차는 성남, 용인, 이천, 여주, 문막을 지나 영동선을 달리고, 스산한 겨울 풍경을 스치며 달렸고, 상주들은 밤새껏 울분에 지쳐 멍하니 차창 밖을 바라보며 슬픔에 잠겨 있었다. 차는 대관령을 빠르게 통과하고 강릉 경포호수를 끼고 목적지 선산에 이르니 연고지인지라 묘지는 모든 준비가 완료되어 있고 주위엔 운치 있는 노송들이 쏴~하고 부는 바람은 멀리 바다에서 불어 올 때마다 마치 엄숙한 장송곡처럼 들려오고 마른 솔가지 우수수 떨어지는 가운데 휘청거리는 운구 행렬은 운송되고 장례 절차에 따라 꽁꽁 언 땅에 고인 된 아내를 묻고 가슴에도 묻으며 다독다독 흙을 덮고 또 덮으며 또 한 번 남편의 어깨가 가늘게 떨려왔다.

호르는 눈물을 참지 못해 비통한 통곡소리는 주위에 울려 퍼져 숙연해졌다. 이미 아내의 영혼은 천상에 있을 테지만 "이 추운 겨울에 당신을 언 땅에 묻고 내 어찌 발길이 떨어지겠소." 오열의 통곡소리는 멀리 경포 바닷가까지 메아리쳐 바람에 실려 가고 지켜보는 이의 마음조차 강물보다도 훨씬 맑은 슬픔이 가슴 밑바닥을 잔잔하게 적셨다.

행여 사랑했던 아내가 추위에 떨가 봐 봉산을 덮고 한 줌의 흙이라도 더 덮으며 극도의 슬픔을 삭이는 모습을 느낄 수 있었고, 봉분 옆에서 떠날 줄 모르고 하염없이 봉분을 다독이고 앉아 있었다. 동절기의 짧은 한 낮 갈 길이 멀어 서둘러 남편을 차에 오르게 하고 그곳을 떠나야만 했다.

유족들의 흐느낌이 이어지고 아내를 묻은 자리를 자꾸 뒤돌아보았고 차창에 기대어 하염없이 눈물 줄줄 흘리고 있었다. 아내와 함께 했던 지나온 세월들 애틋한 추억의 기억보다는 오히려 잘해 주지 못했던 후회의 마음에서 더 울고 있는 것으로 나는 믿고 싶었다. 차는 서울을 향해 빠르게 달리고 아내를 묻은 장지가 점점 멀어지자 솟구치는 슬픔에 가슴 찢어지는 오열로 이제 목 놓아 꺼이꺼이 울기 시작했다. 마치 피를 토해내는 각혈과 같이 남자의 눈에서 그토록 흐르는 눈물은 난 난생 처음 보았고 차안의 문상객 모두에게도 눈시울을 적시게 했다.

서울로 돌아오는 내내 처절한 절규의 오열이 이어지고 그러기에 부부 중 먼저 저 세상을 가는 쪽이 배우자의 손에 묻힐 수 있어서 행복하다고 했다. 그 옛날 아모레 화장품 외판을 하며 봉천동 산동네를 그 무거운 가방을 들고 골목골목 누비며 살아온 세월을 어찌 남편은 잊을 수 있을까. 호강 한 번도 시키지 못하고 너무 힘들고 고달픈 삶을 살다 보냈기에 그 남편은 더 애달파 했음을 …….

6 상대적인 것

먹구름 가득 덮인 하늘에 갑자기 캄캄해지고 작달비 후드득 후드득 쏟아진다. 병상엔 열린 창문을 후다닥 닫고 시원스럽게 퍼붓는 빗줄기를 감상한다. 비는 사람의 폐부까지 적셔주므로 이렇게 비오는 날이면 나는 비가 좋아 비를 흠뻑 맞으며 자주 쏘다니기를 좋아하였으나 오늘은 그럴 수 없다. 지금은 우중! 라디오에서 은은히 들려오는 멜로디를 들으며 따끈한 녹차 한잔을 들고 창가로 갔다.

풍성한 나뭇잎이 비에 흠뻑 젖어 너울거리고 병원 뜰에는 앰뷸런스가 응급차를 실었는지 왱왱 소리를 내며 달려오고 있다. 병실 침상에 혼곤히 잠든 칠순 노파가 지난밤에는 육체의 아픔보다 자식(외아들)의 행동에 더 뇌꼴스러워 정신적인 괴로움에 밤새 잠 못 이루시다 이제야 겨우 깊은 잠이 드신 모양이다.

며칠 전 나는 환자의 딸로부터 심중에 있는 많은 이야기를 들려주어 듣게 되었다. 어머님(환자)께서 평생 장사하시어 모은 돈을 외아들인 오빠에게 내 놓으시면서 당신의 병원비로 써 달라고 하셨다고 했다. 그 액수는 말하지 않았으나 병원비용에 부족함이 없으리만큼 많은 돈이라 했다.

그런데 지난 밤 가게 문을 닫고 늦은 시간 아들 내외가 병실에 왔을 때의 일이다. 그 때 환자가 수혈중인 것을 목격한 그 아들은 병실에 들어서자마자 갑자기 두 눈을 부릅뜨고 노발대발 화를 냈다. "이까짓 피 주사는 무엇 하러 맞으며, 알부민(고단백 영양제) 주사는 왜 맞으세요! 라고 말이다. 인면수심(人面獸心) 사람의 얼굴을 하였으나 마음은 짐승과 다름이 없는 배은망덕한 자식의 행동과 언행에 나는 할 말을 잃었다. 폐암 말기! 기왕 죽을 몸인데 이 까짓 짓이 무슨 소용이 있느냐는 뜻이 내면에 포함된 뜻이었다. 세상에 이럴 수가! 자식도 50이 넘어 곧 늙어 가는 처지이고 더욱이 그의 아내(며느리)도 곁에서 남편의 뜻에 동조하고 있으니 경을 칠 지경이고 죽일 년 놈들 같으니라고……. 욕이 목 줄 대까지 올라오는 것을 나는 참을 수밖에 없었다.

두 아들 며느리를 보면서 부창부수라고 표현하기보다는 "그 나물에 그 밥"이라고 말하는 것이 더 적절한 표현 같았다. 아무리 세상이 물질만능주위로 길들여가고 요즈음 고등교육을 받았다는 자식이 어버이를 살해하고 또 여행지(제주, 인도네시아 밀림 속)에 부모를 버리는 천륜을 끊는다는 사실을 신문에서나 보아왔지 직접 내 눈으로 이런 어처구니없는 명백한 현실로 존재한 모습을 목격하니 천륜이 무너진 세상이 새삼 살벌하게 느껴졌다.

부모가 기르고 교육시켜 주었으면 반포지효 아니 백분의 일, 천분의 일, 만분의 일의 은혜라도 알아야 당연지사가 아닌가? 그 부모는 아낌없이 전부를 주었는데도 …….

그날 이후 환자는 단식투쟁에 들어갔다. 음식이래야 멀건 미음한 그릇이 고작이고 그 동안 투여한 링거 영양제 주사도 모두 거부반응을 보였다. 이제 생명 유지라고 해야 앞으로 몇 년이나 더 견딜

지 모르지만 쇠약한 육신에 긴 한숨을 토해내며 할머니는 심중의 진언을 내게 털어 놓으셨다.

"내 자식 놈 행동 자네도 다 듣고 보아서 알고 있지 않은가. 부모가 어찌 자식에게 그런 소리를 듣고도 음식이 목구멍에 넘어가겠으며 주사 또한 어떻게 맞겠는가? 몹쓸 놈 같으니라." 하시며 식사를 권하는 나에게 환자는 손을 휘이휘이 내젓고 그리고 하소연 하시며 목 놓아 우셨다.

자식 기르시랴 고생하신 깊게 파인 주름 사이로 굵은 눈물이 주르륵 흘러 내렸다. 인생의 생로병사여! 불씨 꺼져 가는 생명 앞에 무슨 위로가 필요하겠는가. 애절하고 참담할 뿐이다. 칠순 노모는 병든 서러움보다 자식 놈 행동이 더 기가 막히고 안타깝고 괘씸하여 가슴 치며 분노하였다.

"이 꼴 저 꼴 다 보기 싫어. 내가 얼른 죽어야 해!." 하시며 세월이 담긴 주름 사이로 뜨거운 눈물이 하염없이 흐르고 있었다. 치유할 수 없는 환자에겐 미국 오리건주에서 안락사가 허용되고 있으며, 또 네델란드에서는 세계 최초로 안락사를 가장 먼저 합법화하지 않았는가. 환자에게 진을 빼고 고통을 주기 보다는 차라리 현명한 방법이 아닌가 하고 잠시 생각해 보았다.

우리나라에서도 안락사에 관해서 찬반론이 매스컴에 거론되었으니 결론은 마찬가지였다. 서둘러 자식은 입원한지 일주일 만에 어머님을 퇴원시켰다. 우리의 삶! 기쁨이 있으면 슬픔이 있고 괴로움이 있으면 즐거움이 있듯이 언제나 인생행로는 상대적인 것, 전자에 이런 불효막심한 자식이 있는가 하면 부모를 극진히 모시는 후자도 나는 보았다.

강북 삼성병원 특실에서 모셨던 환자의 이야기이다.

시어머님이 입원하신 병실에 며느리가 매일 정성 들여 끓여오는 죽(粥)은 메뉴에 따라 종류만도 수십 가지이었다.

전복죽, 연근죽, 잣죽, 야채죽, 조갯살죽, 땅콩죽, 대추죽, 밤죽, 굴죽, 어죽, 이루 헤아릴 수 없으리만큼 많은 죽들을 끓여올 때마다 한 숟가락이라도 더 어머님께 드리기 위해 애타하는 정성 그 모습은 정말로 세상에서 가장 아름다운 모습으로 내 눈에 비췄고 또 오래 기억에 남는다.

주치의와 간호사들도 모두가 그들의 관계가 모녀로 착각할 정도로 늘 다정다감하고 곰살스러운 며느리의 행동에 탄복하였다. 환자는 6·25 사변의 이데올로기 앞에 무수히 처참하게 죽어간 시체더미에 아무렇게나 던져져 있었다고 했다.

때마침 그곳을 지나던 피난민인 운명의 여신이 사체더미 속에서 손가락이 꼼지락 꼼지락 움직이는 것을 보고 얼른 방에 모셔다 두었더니 다시 소생하여 오늘날 94세 연세까지 연명하시게 되었다고 했다.

이제 생의 황혼기에 뇌졸중으로 쓰러져 아무런 말씀도 못하기고 눈만 깜박깜박 하시며 꼼작 없이 누워만 계신다. 조석으로 병 문안 오는 그의 아들은 지극 정성 효자중의 으뜸 효자이다. 노쇠하여 근육에 탄력이 없고 핏기마른 주름진 노모의 얼굴에 입맞춤하며 "어머님! 오래 오래 사셔야 해요."라고 마음으로부터 우러나오는 진실한 효행을 그 어머님은 아시는지 모르시는지? 그저 멍하니 쳐다만 보신다.

몸도 가눌 수 없는 어머님을 휠체어에 태우고 긴 복도에서 운동시키는 모습 또한 보기 아름다웠다. 누구도 거역할 수 없는 현실 앞에 인생의 노쇠함이여 애석하구나. 밀려오는 파도를 어찌 손바닥으로 막으며, 손가락으로 어찌 하늘을 찌를 수 있으랴.

아들 내외의 극진한 사랑을 다 마다하시고 끝내 노모는 의식을 잃으셨고 퉁퉁 부으신 손을 잡으시며 어머님 볼에 입맞춤하며 구슬 같은 눈물이 뚝뚝 떨어지는 고부간의 그 아름다운 모습도 나는 잊을 수 없다.

요즈음 같은 세상에 흔치 않은 효부상이다. 평생을 가난한 이웃에게 많은 것을 베풀면서 살아오신 만큼 할머님은 당대에 많은 복을 누리셨고 운명 직전에는 평소에 즐겨 입으셨다는 엷은 미색 한복을 곱게 갈아 입히셨고 사랑하는 가족과 목사님을 비롯한 교우들의 성가가 조용히 흐르는 가운데 당신의 마지막 모습에 성령이 임하셨는지 핏기 잃었던 하얀 얼굴이 서서히 도화빛 색으로 물들고 엷은 미소를 지으시며 조용히 아주 편안한 선종(善終)이셨다.

돌아가신 모습은 평화롭고 이처럼 깨끗하고 아름다운 죽음은 처음이다. 내가 병원 생활로 숱한 환자들의 죽음을 묵도하며 지켜보았지만 이처럼 고통 없이 밝게 환한 미소로 생을 마감하는 사람은 또 처음 보았다.

잠자듯이 반듯이 누우신 그 모습은 마치 천사의 손에 이끌려 훨훨 천당을 향해 미련 없이 떠나듯이 고통도 아픔도 없는 곳 슬픔은 더더욱 절대 불가능한 빛의 세계로 가셔요. 그곳은 천사들이 두 팔 벌려 당신을 맞이하실 것입니다. 사랑과 웃음과 행복으로 말입니다. 그 영혼 영원하소서.

7 응급실 풍경

의료계 파업으로 대부분의 병원이 문을 닫은 지 5일째다. 개인 병원 내과에 입원중인 할머니께서 심장 부근에 이상이 생겨 곧 큰 병원으로 가시라고 했다.

서둘러 병원마다 연락했으나 환자를 받아 주는 곳은 아무데도 없었으나 다행히 응급환자만 받아 주는 곳이 있어서 서둘러 환자를 이송하여 영동세브란스 응급실에 도착하고 보니 평소에 늘 북적거렸던 곳이 파업 여파로 다소 환산했다.

앰블런스에 실려 오신 할머니는 의료진에게 인계하고 잠시 숨을 돌리고 있을 때이었다.

응급환자 한 사람이 하얗게 놀란 얼굴로 뛰어 들어왔다 .얼른 보아 공장에서 일하는 산업역군인 듯 군청색 작업복 차림에 옷에는 기름때가 맨질맨질하고 손은 수건을 칭칭 동여매고 헐레벌떡 뛰어왔으나 상처 자리는 지혈이 안 되어 손가락이 잘려 나간자리에서 선혈이 뚝뚝 떨어지고 있었다.

보기만 해도 끔직한 광경이고 간호사와 전문의 선생님은 빠르게 환자 시술에 바빴고 그 사이로 또 두세 살 정도로 보이는 사내아이를 안고 대경실색한 젊은 아이 엄마는 발을 동동 구르며 속히 아이를 보아 달라고 재촉한다.

의사 선생님의 지시에 간이 침상에 누인 아이는 어디가 그렇게도 아픈지 자지러지게 울어댔다. 대부분 전문의는 파업에 동참하고 한두 명의 의사만이 계속 들어오는 응급환자를 돌보느라 무척이나 바삐 움직이고 있었다. 그때 또 한명의 환자가 얼굴에 젖은 수건을 감싼 채 뛰어 들어왔고 그 뒤를 남편이 따라 왔다.

이 무더운 여름날, 삼계탕을 끓이고 김이 완전히 빠지기 전에 압력솥 뚜껑을 여는 순간 '퍼억!' 하는 소리와 함께 국물이 솟아 면상을 덮쳤다는 위기상황을 설명하고 얼굴에 흉터가 생기지 않게 잘 치료해 달라며 30대 후반 주부는 울먹이고 있다.

의사 선생님의 빠른 손놀림으로 치료가 계속 되는 동안 남편은 아내의 손을 꼭 잡아주며 괜찮을 것이라고 위로의 말로 달래고 있었다. 동고동락하며 살아가는 동반자! 그 남편의 따뜻한 위로의 말에 그 아내는 다소 위안이 되었는지 숙연했다. 우리 주위에 위험한 사고는 항상 도사리고 있어 세심한 주의가 있어야함을 일깨워 주었다.

땅거미가 질 무렵 장대비는 세차게 내리고 간이 침상 한쪽에는 고통을 참지 못해 호소하는 소리가 들려오고 커튼이 둘러쳐져 두 사람의 발만 보이고 그 속에서 환자는 계속 "아이고 배야, 아이고 배야, 나 죽겠네." 하고 괴로워하고 있었다.

딸아이는 "엄마 참으세요. 조금만 참으세요." 의사 선생님도 "조금만 참으시면 되요. 조금만 조금만" 하는 긴박한 소리만 들려오고 있었다. 드디어 의사 선생님이 "애쓰셨어요." 하는 소리와 함께 잠시 후 생리작용의 냄새 구린내가 공기 중에 승화해 비좁은 내 콧구멍까지 냄새가 진동했다.

아마 커튼 속에서는 관장을 시킨 모양이다. 병원에 오면 온통 아픈 사람 천지이고 그 아픔을 치료해주시는 의료계 모든 분들의 노고에 새삼 감사드리고 싶고 아울러 건강한 내 육신에도 고마운 생각이 든다.

MRI. X-ray, 심전도 등 각종 검사를 끝낸 할머니는 카에 실려 돌아오셨고 입원실이 아직 배치되지 않아 기다리는 동안 바깥에 비는 내리고 위급 환자는 또 들어오고 빗물 줄 즐 흐르는 우산을 접어든 보호자는 총총 걸음으로 뒤따라 들어서고 있었다.

8 식물 인간

꽃봉오리 튀밥처럼 톡톡 터지는 만화의 4월에 향기로운 아카시아 향이 실바람에 실려 오는 이른 새벽에 집을 나섰다. 8시까지 구리 한양대학병원까지 가기 위해 서둘러 1호선 지하철을 타고 청량리역에서 버스로 환승하여 병원에 도착하였다.

832호 실 환자는 사십대 초반 남성이고 교통사고로 9개월째 식물인간으로 초점 잃은 퀭한 눈으로 허공만 응시하고 있었다. 수개월 동안 링거와 콧줄로 유동식 음식을 연명해 왔으나 이제야 겨우 입으로 먹을 수 있으리만큼 수많은 시간이 흐른 후이고 식사는 죽(粥)이다. 모든 반찬은 소화하기 쉽게 다져서 만든 것이고 한 끼 식사하는데도 무려 2시간 이상 걸린다고 했다.

게다가 음식물을 입에 넣어도 무의식 상태로 가만히 물고만 있어 어쩔 수 없이 젓가락으로 혀를 꾹꾹 눌러 자극을 가하면 그제 서야 조건 반사로 입을 오물거리며 씹어서 조금씩 아주 조금씩 목구멍으로 넘기곤 했다.

또 하루 한 번씩 물리치료를 받기 위해 치료실에 내려가려면 환자를 휠체어에 옮기기 위해 3-4명의 인원이 동원되는 어려움이 있었으나 다행히 동병상련의 마음과 보호자들이 가까이 도와주어 매

번 쉽게 옮길 수 있다.

그날 해질 무렵 창가에 들어오는 따스한 햇볕을 받으며 환자 아내로부터 사고 당시 상황을 들었다. 지난해 무더운 8월 환자는 공주에 가기 위해 운전 중이고 어느 사고 다발지역에서 일어난 사고라고 했다. 12시 20분경에 일어난 사고로 차는 차도에서 20-30미터 낭떠러지로 굴러 떨어지고 환자는 차에서 튕겨 나와 피투성이가 된 채 쓰러져 있었다고 한다. 그 지역은 '꽝'! 하는 소리만 들어도 "또 사고가 났구나." 하고 주변 주민들이 신고하는 곳이라고 했다. 5번 이상 사고 나는 곳을 사고다발지역이라 한다. 사고다발지역이란 좋지 못한 지명이 있을 정도라면 더 이상 피해를 막기 위한 조치가 있어야 하지 않겠는가.

우리나라 교통 문화의 문제점이 안타깝기만 한데 목격자도 없었고 사고는 운전자 본인의 불찰로 아무런 보상도 없었다고 하였다. 더욱 한심스러운 일은 그의 남편(환자)은 친구와 동업하여 동대문 시장에서 홈패션 가게를 운영한다고 하였으나 막상 일이 이 지경에 이르고 보니 못 믿을 것이 "검은 머리를 가진 동물은 건사해 보았자 소용없다."라는 옛말이 있을 정도로 친구는 동업이 아니라 자기 가게라고 오리발을 내밀었고 환자는 친구와 동업한다는 말만 아내에게 비추었지 투자액에 관해서는 일언반구도 없었다니 참으로 안타깝고 한심한 일이고 그렇다고 서류상 증거가 될 만한 아무것도 없다고 했다.

그의 남편은 원래 말이 별로 없었고 남자가 하는 바깥일에 관해서는 더더욱 말을 하지 않았다고 하였다. 아무리 말이 없는 남편이지만 부부는 일심동체이며 부인도 알 권리가 있고 또 만약을 대비해서라도 어찌 그럴 수가 있었을까 도저히 이해가 안되고 믿을 수 없는 현실 앞에 도하 불능이다.

어쩔 수 없이 그의 아내는 살고 있던 아파트를 처분하여 밀린 병원비를 지불했다. 지금까지는 견디어 왔으나 이제 그것도 바닥이 나 생각 끝에 아들 둘(6세, 8세)을 공주 이모 댁에 맡기고 생활 전선에 나섰다고 하였다.

피할 수 없는 슬픔은 절망해서는 안 되고 깊이 받아들인 슬픔은 오히려 위로라고나 할까. 그런 어려움 속에서도 꼭 남편이 불원간 소생할 수 있을 것이라는 확실한 믿음으로 마지막 경호의료원 한방 치료라도 한번 받아 보는 것이 소원이었기에 입원 신청을 해 놓았는데, 내가 간지 3일 만에 경희 의료원에서 연락이 왔다. 서둘러 짐을 챙기고 같은 병실 환자와 그 가족들의 관심을 한 몸에 받으며 병원에서 보내준 앰뷸런스로 이송했다.

그들은 현관까지 나와 꼭 쾌유할 것을 빌어주고 환송해 주는 따스한 마음이 오갔고 병원을 옮겨와서도 가끔 깨어났는지, 현재 상태는, 기타 경과를 물어 왔었다. 한방과 3807호 6인실로 옮겨 온 후 침(針)을 맞고 뜸도 뜨며 치료를 받을 수 있는 모든 것을 다 동원하며 최선을 다 했다. 환자 아내는 공주에 일자리가 있어서 2주에 한 번씩 상경하여 병실에 들리고 환자의 형이 모든 주관하여 애써왔다.

앞으로 당장 코앞에 닥친 병원비용은 고스란히 형제들의 몫으로 돌아가 5남매가 십시일반으로 성의껏 모아 다달이 해결해 나가는 동안 형님께서 토요일이면 나와 임무 교대를 해주어 나는 주말이면 집에 돌아가 쉴 수 있었다.

긴장이 풀리면 피곤이 한꺼번에 엄습해 오고 초주검에 곯아떨어지곤 했다. 정신력으로 견디고 긴장이 풀리면 왜 그렇게도 삭신이

쑤시는지 제 딴은 축 처진 거구의 육신을 다루기가 정말 힘겨웠던 모양이다.

다음날도 태양은 다시 떠오르고 오후면 병원으로 돌아가 다시 일에 몰입하면 또 익숙하게 일을 시작하는 일상이 연속된다. 어느 날은 환자 어머님이 문병 오셨는데 그 아들은 눈망울만 초롱초롱 어머님을 알아보지 못하고 그 어머님은 아들의 손을 붙잡고 망연자실 지켜보시는 어머니의 가슴은 쓰리도록 아픈 모습으로 돌아가셨고, 멀리서 상경한 아내 역시 "여보! 여보!"하고 부르며 "저 알아보시면 눈 좀 깜박해 봐요." 하고 애타게 호소하나 그는 죽은 사람처럼 아무런 미동도 반응도 없이 눈만 멀뚱멀뚱 할 뿐이다.

아이들도 양쪽에서 "아빠! 아빠! 대답 좀 해 주세요." 섧디섧게 불러 보지만 결과는 마찬가지이다. 사랑하는 가족 모두가 불러도, 흔들어도 아무런 내색도 없이 말 그대로 식물인간 그 자체일 뿐이다.

친구들도 문병을 와 환자의 이름을 부르며 "ㅇㅇ야! 왜 이렇게 누워만 있어. 속히 일어나 너와 동업한다는 그 개자식 진실을 꼭 밝혀야 해, 어쩜 인간의 탈을 쓰고 후안 무치(厚顔無恥)로 이럴 수가 있을까? 그 자식 너 이렇게 누워 있는 동안 비겁하게 수금 다하고 가게 보증금 챙겨 종적을 감추어 버렸단다. 억울하지도 않니? 친구야! 빨리 깨어나라. 너 그 젊은 패기와 의리 다 어디 가고 이렇게 산송장처럼 누워만 있으면 어떻게." 그의 친구는 주먹이 으스러지도록 움켜쥐고 침대 난간을 치며 분개해 했다. "등신! 그런 개자식을 친구라고 믿었다니……."

어느덧 봄이 가고 여름이 왔다. 그 동안 환자는 썩션을 위해 가래 끌어 올리는 기구가 있는 병실로 옮겨지고 나는 병원 구내에 있는 교회 성전에 새벽기도를 매일 나가 환자가 속히 깨어나기를 간곡히 기도드리고 환자도 여전히 하루 2번씩 침 요법 치료도 받고 한약도 하루 3번씩 복용하고 물리치료도 열심히 받았으나 조금도 좋아지는 기미가 보이지 않았다.

그저 눈감으면 잠들었나보다 눈뜨면 멍하니 천정만 쳐다보고 있는 행동만 반복하고 있었다. 사람의 평생 수명 중 수면시간이 24년간이라고 했는데 이 환자는 젊은 나이에 평생을 잠에 빠져 있는 샘이다.

환자는 이목구비 또렷한 참 잘 생긴 미남이다. 곁에서 보는 이마다 아까운 인물이라고 안타까워하고 그의 아내 역시 36세의 일색 미인이고 아이들도 그 부모를 닮아 어쩜 그렇게도 잘 생겼는지.

단란한 한 가정이 한 순간에 무너진 찬사가 애닯고 가슴 쓰린 현실이다. 인간의 삼대 충동 즉, 소유, 소비 다 잊어버리고 모든 것이 다 정지된 환자를 나는 물끄러미 바라보고 있노라면 긍휼하다 못해 연민을 느낄 때도 있었다.

인간의 육신은 아무리 누워만 있어도 계속 움직여 주어야만 굳지 않는데 사고 후 몇 달 동안 아내가 간병하며 오로지 생명 연장에만 연연해 운동은 염두에도 두지 못한 탓으로 환자는 발등이 발가락 쪽으로 인대가 마냥 늘어나고 발뒤꿈치는 아킬레스가 오그라들어 물리치료실에 가서 양 팔다리를 동여매고 세우면 발바닥이 바닥에 닿지 못한 까치발 모양으로 굳어져 있었다. 소생한다 해도 다신 걸을 수 없을 정도로 변해 있었다.

의식 없는 식물인간을 돌보는 것은 나도 처음이라 나름대로 고생도 많았다. 환자는 살이 빠져 허약하나 훤칠한 키에 문어처럼 흐느적거리는 사람을 휠체어에 앉힐 때는 힘으로 하는 것이 아니라 요령으로 하기에 환자를 완전히 어깨에 짊어지었다가 다시 가만히 내려놓는 요령이 날로 익숙하게 숙달 돼 나중엔 도움 없이 혼자의 힘으로도 잘 할 수 있었다.

또 항상 등 붙이고 있는 환자는 욕창이 생길까봐 2시간마다 체위를 돌려주어야 하고 또 아침마다 침상 목욕도 시켜야 했다.

일주일에 2번은 욕실로 옮겨 목욕시킬 때면 그 무더운 여름날 올올이 구슬땀을 흘리며 땀으로 뒤범벅이 된 그 해 여름엔 비 오듯 구슬땀을 흘리는 보람된 일로 나날을 보냈다. 나는 그 가엾은 한 생명을 위해 온 몸으로 정성을 다 했으므로 하늘을 향해 한 점 부끄러움 없이 보살핀 진정한 땀의 가치를 느낄 수 있었다.

예수님은 오른손이 하는 일을 왼손이 모르게 하라고 하셨고 불교에서도 무주상보시(無住相布施)라 하여 배가 고파 밥을 먹으면서도 내가 나를 위해 일한다고 생각지 않듯 남을 도울 때는 일체의 머무는 마음이 없이 해야 한다고 했다.

어느덧 여름이 가고 초가을이 왔다. 그 동안 형제들은 몇 달째 병원비, 간병비에 협조해 왔으나 조금도 차도가 없고 이제; 한계에 다다르게 되자 궁여지책에 가슴 아픈 결정을 내려 환자를 충북 어느 복지시설로 보내기로 의견이 모아졌다.

그때가 9월 어느 날이었다. 궁핍한 가운데 나중에는 구급차를 쓸 형편도 못되었는지 승합차 뒷좌석을 다 젖히고 그 불편한 자리에 환자를 눕혀 떠나보내야만 했다. 완쾌되어 퇴원하는 것도 아니고 아무튼 마음이 그랬다. 앞으로 깨어날지? 영영 깨어나지 못할지? 기약할 수도 없었고 형제들이 애쓴 보람도 없이 아무튼 이제 한 생명을 포기하고 떠나보내는 길이라 더욱 마음이 아팠다.

환자를 태운 차가 병원을 출발하고 눈앞에서 멀어질 때까지 나는 멍하니 서서 사라져 가는 후미를 지켜보며 뜨거운 눈물을 흘렸다. 그렇게 떠나보내고 슬픈 이별 후 늘 소식이 궁금하던 차에 그 해가 다가고 새해 정월 좀 공주에 계신 이모 댁에 전화를 해 보았다. 환자는 그 해를 넘기지 못하고 병원을 떠난 지 3개월도 못살고 이승을 떠났다는 소식을 접하게 되었다.

기어이 한 번 깨어나지도 못하고 그렇게 떠나고 말았단다. 그 젊디젊은 아내와 사랑스런 아이들 모습이 선연히 떠올랐다.

치매

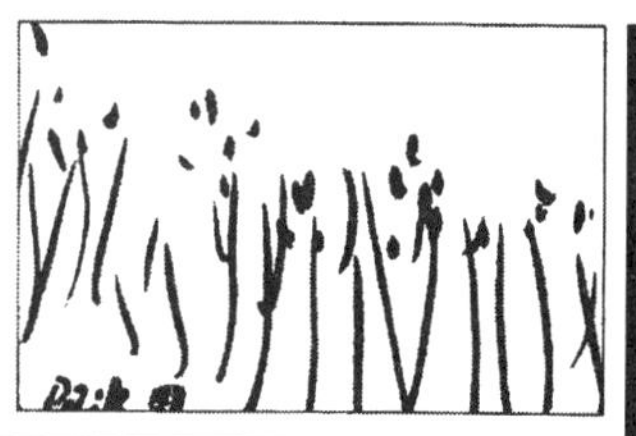

82세 된 환자는 다리를 다쳐 깊스 붕대가 감겨 있고 또 치매 증상까지 있다고 했다. 보호자로부터 환자의 상태와 기타 인수인계를 받고 유니폼을 갈아입었을 때 쯤 병실 문이 스르르 열리더니 링거 주사약을 든 백의천사 간호사가 들어서고 간호사는 나를 보는 순간 눈을 동그랗게 부릅뜨고 몹시 의아한 표정을 지으며 말했다. “어머! 또 사람이 바뀌네요.” 라는 순간 나는 아! 여러 차례 간병인이 교체됨을 직감하고 반사적으로 나는 몇 번째냐고 넌지시 간호사에게 물어보았다. 간호사는 손가락 넷을 펴 보이며 하얀 이를 드러내 보이며 애교스럽게 살짝 웃고 그리고 환자 팔에 링거 주사를 꽂고 반창고로 여러 번 단단히 동여매면서 “주사 바늘을 빼버리지 않으시도록 환자를 잘 시켜 보셔야 해요.”하고 당부의 말을 남기고 문을 살짝 닫고 나갔다.

환자의 병을 다스리는 것은 의사 몫이겠지만 곁에서 보필기재 하려면 어느 정도 환자의 상태를 알아야만 수발들기에도 수월하겠다는 생각에 날포동안 나는 환자의 일거수일투족까지도 유심히 관찰해 보기로 하였다.

환자는 병원 복도에 사람이 지나가는 인기척만 들려도 괜스레 욕설이 시작된다. '야! 이년아!' 또는 '야! 이놈아' 하고 욕설을 시작하면 한 시간이 넘도록 욕을 퍼붓고 심지어 의사 선생님에게도 '야! 이놈아' 하고 소리치기도 하시는 등 내가 보기에도 중증 이상에 속하는 치매 환자임을 알 수 있었다.

깁스한 다리야 시간이 흐르고 때가 되면 언젠가 완치 되겠지만 치매 병은 보통 성인은 1,000억 개의 뇌세포 중 하루 10만 개가 자연사하는 여러 가지 이유로 하루 수십만 수백만 개가 죽어 뇌 기능이 뚝 떨어진다고 한다.

우리나라 65세 이상 노인 265만 여명의 8.3%인 22만 명 정도가 치매 환자라고 신문보도에서 보았다. 참으로 힘겨운 병이 아닐 수 없다. 치매는 노인 본인뿐만 아니라 가족들을 끊임없이 괴롭히는 해악적 특성을 지니고 있다고 한다.

가족들은 극도의 육체적 정신적 피로 때문에 대부분 불안전한 가정생활을 꾸려 나갈 수밖에 없고 종종 가정 파탄에까지 이르기도 하는 것이 현실의 실정이다.

국내에서 치매 전문 상담을 맡아주고 수용할 수 있는 기관이 아직 많지 못하다보니 자연히 가정에서 해결할 수밖에 없는 실정이고 또 치매 환자를 수용하는 기관이 있다지만 만만치 않은 입원 비용을 감당하기 어려워 방치할 수밖에 없는 가정이 늘어나고 있다.

이 환자야 깁스만 풀면 치매 전문기관으로 옮겨 가실지 모르지만 우선은 아들의 얼굴조차도 기억하지 못하는 환자는 난치병인가 불치병인가 하는 치매에 그 자식들은 속수무책이다.

처음 입원 당시만 해도 간호실 가까운 병실에 입원하였으나 밤마다 소란을 피우고 아무에게나 욕설을 해 어쩔 수 없이 복도 끝쪽 구석진 곳으로 병실이 옮겨지고 심지어 자신을 돌보아 주는 간병인에게까지 욕하고 때리고 꼬집어 손등에 멍까지 들어 견디다 못해 가버리고 또 사람이 바뀌고 한 것이 벌써 네 번째란 것을 알고 나는 슬그머니 오기가 생겼다.

속된 말로 어디 네가 이기나 내가 이기나 한 번 해 보자는 식으로 나는 단단히 각오를 하게 되었다.

환자에게는 사람이 바뀌는 것도 안 좋은 일이다. 나는 지금껏 어떤 힘든 환자를 만났어도 도중에 포기한 적이 한 번도 없는 관례가 있다. 세상사가 다 그런 게 아닌가……. 길을 걸어도 경사가 있으면 평지도 있고, 자갈길이 있으면 탄탄대로도 있을 수 있는 것이 우리의 살아가는 인생살이인 것처럼 이런들 어떠하리. 너무 힘든 환자라 피해 갔더니 더 힘든 환자를 만나게 되더라고 어느 간병인의 체험담도 기억이 난다.

내가 힘들면 남도 힘든 법. 나는 나름대로 노하우가 있어 그 원칙에서 벗어나지 않으려고 애쓰는 사람 중 한 사람이다. 언젠가 한 환자가 너무 아파 밤새껏 몹시 고통스러워했던 사람이 있었다. 그 환자는 다리를 너무 심하게 다쳐 지혈이 안되고 붉디붉은 선혈이 계속 흘러 내려 급한 나머지 주치의 지시에 따라 거머리 수십 마리를 가지고 와서 상처자리에 놓아 주니 삽시간에 제각기 까맣게 달라붙어 정신없이 피를 빨아 먹는 광경을 나는 밤새껏 지켜본 적이 있었다.

처음에는 검정실처럼 가느다란 긴 거머리였으나 저마다 얼마나 많은 선혈을 흡입했는지 나중엔 손가락만큼 굵고 통통해 있었다. 마치 어린아이가 젖을 실컷 빨아 먹은 후에야 유두에서 입을 쪽 빼는 것처럼 그 징그러운 거머리가 그랬다.

그때 교통사고로 입원한 그 환자는 정말 몇 날을 잠을 자지 못하고 곁에서 꼬박 밤을 세워가며 지켜보고 견디어 냈다. 이 치매 환자 역시 도중에서 포기하지 않기 위해서는 환자 상태를 좀 더 정확히 판단하기 위해 미국 노인 학회 정신과협회에서 알츠하이머 병에 관한 간단한 체크리스트를 참고하여 분석하는 것이 급선무라 생각하고 곧 실험해 보기로 하였다.

· 판단력 기억 집중 테스트 ·

1. 당신의 나이는?
2. 지금 몇 월?
3. 대략 몇 시인가?(차이가 한 시간 이내면 맞춘 것으로 간주)
4. 20부터 1까지 거꾸로 헤아리기
5. 한글 가나다라를 '하'에서 '가'까지 거꾸로 말하기
6. 3번 묻기 전에 불러준 구절을 말하게 한다.

틀렸을 경우 1번은 4점, 2, 3번은 각각 3점, 4, 5번은 각 4점, 6번은 10점, 맞았을 경우 0점, 점수를 합쳐서 10점 이상이면 치매의심.

테스트 결과 환자는 18점이 나왔다.

환자의 상태가 더 나빠지기 전에 옆에서 도움을 주기 위해 나름대로 꾸준한 노력이 필요했다. 치매가 심하면 언어 장애, 방향 감각, 성격 변화, 우울증, 불안, 초조 등이 올수 있으므로 늘 많은 대화를 나누어야 했다. 마치 어린아이를 다스리듯 옛날 이야기도 들려 드리고 간단한 노래와 간단한 제스처와 간단한 율동도 아울러 반복하고 맛있는 음식도 드리고 진실한 애정을 베풀면 환자는 차분하게 내 의도에 잘 따라 주었다.

입원 당시만 해도 밤마다 침대 나간 안전대를 두드려 소란을 피우고 아무에게나 욕하는 그야말로 병원생활에서 환영받지 못하는

환자이었으나 나중에 순한 양처럼 순응하게 되자 주위 각 병실 사람들과 간호사에 이르기까지 모두 신통하게 생각하고 고맙게 생각했지만 그러나 그러다가도 가끔 정신 분열 상태에 이르면 뜬금없이 소리를 지르고, 밤이면 걷잡을 수 없는 행동이 나올 때도 있었다.

예를 들면 크리넥스 티슈(직사각형 휴지)를 쫙 펴서 머리에 얹고 모자 썼다고 하시고 곳간 열쇠 꾸러미 어디에 있냐며 하루 종일 찾으신다. 할머니는 충청도 양반집에서 행세 꽤나 하는 집안에서 곳간 열쇠를 들고 아랫사람을 휘두르던 위풍당당하셨던 분이셨단다. 지금도 장관님의 아드님에 대기업 사장을 둔 어머니께서 어쩌다 이렇게 되셨는지 사람은 누구나 나이 들면 망각의 세월을 살아가기 마련이고 전 미국 대통령 로널드 레이건도 알츠하이머(치매)병이 였다고 했다. 제발 나이 들어도 저렇게 되지 말아야 할 텐데 하며 나는 창밖으로 시선을 돌렸다.

그때 창을 통해 바라본 맑고 청명한 하늘은 눈물겹도록 푸르른 가운데 한 마리의 새가 유유히 선회하고 있었다. 더 이상 치매가 심하지 않도록 예방하는 차원에서 뇌 활동을 반복하면 어느 정도 위험성은 낮출 수 있겠다는 생각에 꾸준히 노력을 했다.

할머님! 오늘이 몇 월 며칠인가요? 할머니 연세는? 지금 계절은? 할머니 큰 아들 이름은? 둘째 아들 이름은? 그리고 젊은 시절 이야기를 해 달라고 하면 그땐 생기가 나시고 옛날로 돌아 가셔서 새록새록 기억을 더듬어 가실 때면 마치 시골 토담 위 죽죽 뻗어 나가는 호박 넝쿨처럼 할머니의 과거 기억들로 뻗어 나가셨다.

생존에 계시지 않은 할아버지 이야기이며 자식 키우실 때 이야기까지 내게 열심히 이야기 해 주셨다. 치매는 불치병으로 알려져 있지만 경우에 따라선 호전되기도 한다고 했다. 드디어 어느 날 할머니의 깁스하신 단단한 다리 석고가 톱으로 잘려 나가고 야윈 하얀 다리가 몇 개월 만에 밝은 빛을 보게 되고 연료하신 연세에 조금 불편한 다리지만 할머니는 제 발로 천천히 걸어서 가족들과 퇴원하게 되었을 때 쯤 병원 정원에 라일락 향이 코끝에 진하게 풍겨오고 나는 하루하루 살면서 느끼는 소박한 기쁨과 즐거움 이런 것들이 삶의 진정한 축복이란 사실을 느끼며 대학 병원 문을 나섰다.

10 내가 본 인면수심(人面獸心)

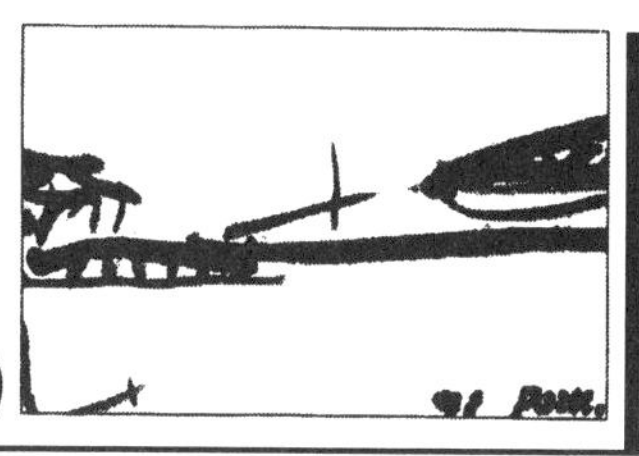

인간 생활이 각박해 지면서 인면수심도 천태만상으로 나타나 사회가 중병에 걸려있는 느낌이다.

· 첫 번째 이야기

병실 사물함에 쪽지 한 장이 붙어 있다. 환자 가족의 연락처인 전화번호가 적혀 있고 2인실 병실 곁에서 일주일간 지켜보았지만 가족이라고 문병 오는 사람이 아무도 없다. 환자를 돌보아주는 간병인만이 열심히 환자의 수발을 들고 있고 숙환(宿患)에 효자 없다는 말에 수긍이 가는 좋은 예이다. 대부분의 사람들은 처음 입원하면 문턱이 닳도록 많은 사람이 문병오지만 수개월 병원생활을 지속하다보면 나중에는 발걸음 뚝 끊기는 것이 현대 살아가는 우리들의 현상이다.

그래서 그런지 옆 환자는 수개월 입원중이라 찾아오는 사람도 없고 자식들도 각자 바쁘게 살다보니 주말에나 한번씩 찾아뵙는 것이 자식도 소용없다는 것에 공감이 갔다. 어차피 인생은 외로운 것 홀로서기에 익숙해 질 수 있는 연습도 필요함을 알게 하였다.

여러 달 병마에 시달린 환자는 피골상접하고 요며칠 사이에 갑자기 용태가 더 나빠졌다. 근육도 많이 풀리셨고 기운을 잃은 채 눈꺼풀도 한 십리나 들어가 몰골이 말이 아니다. 급기야 간병인이 큰 아들에게 전화를 했으나 신호만 갈뿐 휴대폰이 꺼져 있다고 했다. 할머니는 양미간을 찌푸리시며 힘겹게 입을 열고 간신히 간병인에게 말씀하셨다. "아즈므이! 내 자식께 전화하지 마소. 우리 자식들(며느리 포함) 맞벌이에 교회 봉사활동에 다들 바빠요. 저그 시어미에게는 이 따위로 하면서 봉사는 무슨 육실할 봉사여. 이놈들 내가 저그덜 키울 때 온갖 고생을 마다 않고 노픈핵교 보내 공부시켜 놨드니…….

할머니는 그 동안 아등바등 살아온 세월이 한스러운지 죽음의 문턱에서까지 이 무슨 노기 찬 얼굴인지 다시 한 번 간병인에게 단호히 말씀하셨다. "아즈므이 내가 죽어 목숨이 딱 끊기그던 그때서야 알리든 말든 그 전에는 절대 전화하지 마소!" 할머니는 몹시 격분하여 입술을 바르르 떨고 이(齒牙)를 뿌드득 갈며 흥분하셨다. 무엇이 저렇게 할머니 마음을 아프게 했는지 내 마음도 새삼 폐부를 찌르는 것 같았다.

급기야 혈압이 뚝 떨어지고 호흡도 고르지 못한 할딱할딱 숨을 몰아쉬기도 하셨다. 주치의 선생님이 가족에게 연락하여 준비하라고 하셨고 간병인은 우여곡절 끝에 간신히 아들에게 연락을 했으나 총알 같이 왔어야 할 자식들이 도착하기도 전에 할머니는 이미 서서히 숨을 거둔 후였다. 자식들 아무도 임종을 지키지 못하고 간병인만이 최후의 자리를 지켜 쓸쓸히 임종을 지켜야만 하였다.

자식들 보지 않으시겠다고 그토록 손사래 치시더니 무슨 한이 그렇게도 많아 눈꺼풀도 닫지도 않으시고 운명하시어 간병인이 조용히 눈꺼풀을 닫아 드려야만 했는지? 인간이 가장 선했어야 할 죽음의 목전에까지 무슨 가슴에 응어리 골이 그리도 깊으셨기에 할머니는 끝끝내 자식들을 보지 않으시고 속세에서 마지막 떠나는 먼 길을 그렇게 훨훨 떠나야만 했을까? 무슨 사연이 있는지 모르지만 변호사, 교수 이런 쟁쟁한 엘리트 자식들을 두었으면 무엇하리, 효를 저버린 자식들인 걸 황천길 떠나신 후 오열이 무슨 소용이 있으며 어미는 이미 이 세상 사람이 아님을…….

· 두 번째 이야기

간밤에 내린 비로 마지막 잎새마저 모두 떨어지고 나목만이 쓸쓸히 겨울을 채비하고 있다. 대학병원 구내에 있는 간이 은행 창구 앞은 늘 사람들이 붐비고 있고 거기에 몸을 가눌 수 없으리 만큼 쇠잔한 환자를 휠체어에 태우시고 은행창구 앞에 서 있는 청년은 손에 통장에 들려있고 "아버지 도장 주세요." 하는 것을 보니 부자간이 분명하고 그 아버지는 환자복 주머니에 들어 있는 도장조차 꺼낼 기력이 없으신지 옆 주머니를 가리켰다.

아들은 황급히 도장을 꺼내 통장과 함께 은행원에게 건네주고 잠시 후 아버지 통장 잔액이 모두 자기 통장에 입금된 것을 확인하고서야 득의만면 가득한 미소를 머금는다.

사리사욕에 혈안이 된 자식, "몹쓸 놈! 무엇이 그렇게 급하길래 다 죽어가는 아버지를 여기까지 모시고 와서……" 라며 연세 지긋하신 은행원이 혀를 차시며 말씀하셨다. "그놈의 돈이 뭔지? 돈 앞에선 천륜도 아랑곳 하지 않는 이놈의 세상? 하시며 고개를 절래 절래 지으셨다.

· 세 번째 이야기

입원실 복도 한 곁에서 왈가왈부하는 소리가 요란했다. 재산을 놓고 형제들이 의견 대립에 저마다 교태를 부리며 갑론을박하며 점점 목소리가 높아갔다. 그들은 한동안 서로의 입장을 이야기하느라고 옥신각신 떠들썩하였으나 한참 후에서야 연세 드신 한 분이 결론을 내리셨는지 차분하게 말씀하시기 시작하였다.

시골집과 농지는 큰 형 몫이고 읍내에 있는 두부공장은 둘째네, 시장 통에 있는 가게는 막내 기타 등등……. 각자의 분배에 못마땅한지 이권 다툼에 살기등등한 암투가 치열하게 벌어지고 마치 겨울 날씨 만큼이나 차갑고 살벌했다. 나를 낳아 주신 아버지는 지금 병실에서 생사 경계를 넘나들고 계시는데 자식들은 재산 다툼에 얼굴을 붉히고 언성이 높아지고 있는 광경이 참으로 보기에 거북스러웠다. 꼭 이 장소에서 그랬어야만 했을까?

언젠가 이시영 박사가 특강 시간에 말씀하신 생각이 났다. "자식 둔 세상 모든 부모님들이여! 자식들 먹이고 입히고 공부시켜 주었으면 됐지 재산은 절대 물려주지 말고 살아생전 다 써 버리든지 아니면 사회에 환원하는 것이 자식을 위한 현병한 방법"이라고 하셨던 기억이 난다.

부모님으로 상속 받을 아무것도 없으면 형제끼리 다툼도 없을 것이며 우애 돈독할 것이 아닌가. 그리고 소유물이란 피땀 흘려 노력한 대가로 얻어진 것일수록 그만큼 값어치 있고 소중히 여길 것이라고 생각한다.

창문을 슬며시 젖혔다. 찬 공기가 쏴아 창안으로 들어온다.

· 네 번째 이야기

부잣집 마님으로 보이는 위풍당당한 환자는 돈이 꽤나 있어 보였다. 뇌졸중(중풍)으로 쓰러져 한 쪽 수족을 못 쓰는 할머니는 경희의료원 한방병동에 입원하신지 달포가 지나고 있었다. 할머니는 늘 만 원짜리 지폐를 준비하여 베개 밑에 넣어 두시고 병문안 오는 가족 누구든 당신께 시중들어 드린다든가 또는 변기를 비워주면 지폐 세 장씩 주시곤 하셨다.

자유롭게 움직일 수 없는 자신의 수발을 해주는 대가로 생각할지 모르지만 가족에게까지 굳이 그랬어야만 했는지? 나중에는 소문을 듣고 문병 오지 않던 손자, 손녀, 손지며느리까지도 자주 찾아와 할머니 수발을 들어 드리곤 했다.

처음에는 변기 들고 나가며 코를 막고 온갖 인상 다 찌푸리던 그들도 용돈 얻을 욕심에 군소리 없이 잘 처리하는 것을 보면서 '젠장! 그놈의 돈이 뭔지? 개도 안 물어갈 돈의 위력은 참으로 대단했다. 간병인을 곁에 두시라고 권해도 굳이 마다 하셨는데 할머니는 자손들 얼굴을 한번이라도 더 볼 수 있는 수단이란 깊은 뜻이 있었다. 효는 찾아 볼 수 없는 금전 앞에 인간이 그렇게 치사해질수 있을까?

· 다섯 번째 이야기

석양녘과 다를 바 없는 황혼기! 노모께서는 자식들 모두 분가시키고 양재동 고급 빌라에서 가정부와 기사를 두고 단출하게 살고 있었는데 어느 날 갑자기 건강이 좋지 못해 병원 특실 28평형 병실에 입원하셨다. 옆 병실은 36평도 있었다.

시민 층에서는 언감생심 상상도 할 수 없는 일이다. 병실은 마치 호텔마냥 침대도 고급스럽고 안락의자에 호화찬란한 산드리에 전등의 영롱한 빛도 아름답게 반짝이고 있었다. 옆 보호자 방도 고급스러운 가구에 냉장고, 가스렌지, 싱크대까지 고루 갖추어진 룸이다. 병실이라기보다는 고급 호텔이나 고급 콘도 같은 곳으로 마치 휴양지에 쉬러온 느낌이 드는 그런 병실이다. 하루 입원료만도 몇십만 원이고 아무튼 놀랍다. 허리가 약간 거북스러워 입원한 호강스럽고 사치스런 병에 불가했다. 가난한 이웃 같으면 이쯤 병은 병도 아닌데 치료래야 영양제 주사와 물리치료가 고작이다.

환자가 입원한지 일주일쯤 되던 어느 날 저녁 무렵 큰 아들 내외가 병문안 차 오셨다. 사업하는 이들이라 사업 확장을 해 자금이 좀 필요하다며 어머님께 거액의 돈을 요구하셨다. 슬그머니 부아가 치밀은 어머님은 언성이 높아지고 주고 싶어도 더 이상 줄 것이 없다고 하시고 끝내 모자도 고부간에도 의견이 대립되고 서로가 못할 서슬 퍼런 모습으로 미간에 주름살이 모이고 목적 달성하기 못한 자식 내외는 애꿎은 병실 문만 꽝! 하고 닫고 총총 걸음으로 찬바람을 일으키며 사라졌다.

"너의 아버지 살아생전 각자 10억 이상의 재산을 다 상속해 주었거늘 내가 무슨 이유가 있나, 이놈아" 하시며 병실 문을 향해 고성 소리를 그 자식은 들었는지 못 들었는지 그 후 큰 아들 내외는 발걸음을 끊었다.

인륜이 무너지고 인간의 양심과 이성마저 돈 앞에서 잃어가고 있다. 황금만능의 풍토에 인간 내면적 가치도 깡그리 상실 되어 가고 있는 세상 인종지말(人種之末)이요, 인비인(人非人) 이요, 사람이면서 사람 아닌 인간이 완전히 동물의 차원으로 전략한 것이다.

96 Paik

4장

봄

봄 1

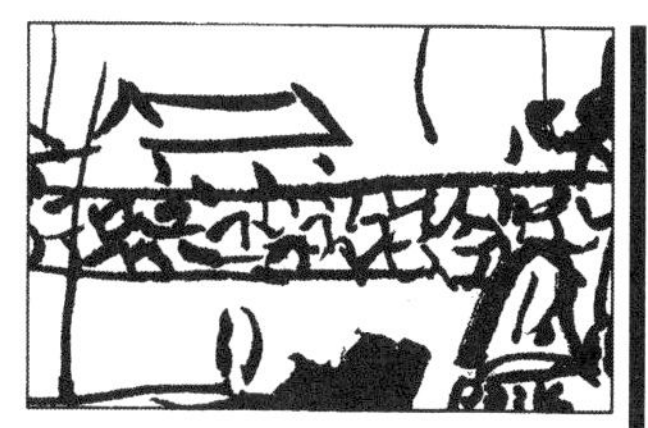

남해에는 벌써부터 매화가 만발했다는 소식지 전해오고 이때쯤이면 강릉 나의 처소에도 봄의 전령 매화가 만발했으려니 하는 생각에 주말에 이곳에 왔으나 이곳은 지대가 좀 높은 골짜기 산중이라 그런지 이제야 겨우 분홍빛 얼굴을 뾰족이 내밀었을 뿐 개화하지 못함이 아쉽다. 작년에 묘목 상에서 사다 심은 청 매화는 푸르스름한 꽃받침을 받치고 몇 송이가 활짝 핀 청아한 자태를 볼 수 있어 마음이 흐뭇했다. 목화(木花)중에 내가 가장 좋아하는 매화는 제일 먼저 피는 선구의 꽃이고 꽃샘추위에 눈(雪)을 뒤집어쓰고도 향을 잃지 않는 절기의 꽃이며 새로운 또 한 해의 봄을 알리는 희망의 꽃이기도 하다.

혹독한 겨울 추위를 견디어 내고 의연히 꽃을 피우는 그 기상을 나는 닮고 싶었기 때문인지 모르겠다. 매화가 만발하면 한결같이 그 꽃잎은 땅을 보고 있다. 매화가 드리워져 있는 것은 햇빛이 닿으면 이슬이 돋보기 현상을 꽃잎에 구멍이 뚫리기 때문이라는 매화 예찬가 들의 말이다. 이곳에 정착하던 해 봄 이웃집 최종국 어르신께서 홍매화 묘목 한 그루를 주셔서 우리 집 옹달샘 한 곁에 심은 것이 몇 년 전부터 결실의 기쁨을 가져다주었다.

지난해에도 서울 생활 직장 탓에 적기에 이곳에 오지 못해 만개한 모습을 볼 수 없었는데 금년에도 마찬가지라 아쉬움이 있지만 6월이면 파란 매실을 내 손으로 직접 딸 수 있어 얼마나 행복한지 지금부터 기다려진다.

연록색이 알알아 다닥다닥 열려 있는 매실을 굵은 것 몇 알 따다가 중풍예방인 민간요법으로 제조해서 우리내외가 함께 복용할 수 있는 행복도 맛볼 수 있었다.

노년에 자식에게 짐이 되고 싶지 않은 것이 이 세상 모든 부모들의 솔직한 바람일 것이다. 신빙성이 있다고 하니 믿어보고 또 재료가 있으니 작년에 이어 올해도 복용할 작정이다.

자료 제공은 몇 년 전 의료보험조합이 지면을 통해 일본 화제의 민간요법을 기사화하였기에 여기 소개할까한다.

* 단 한번 복용 중풍 공포 탈출 *

1. 중풍(뇌졸중)의 증상

뇌의 경화증이나 고혈압으로 인한 뇌의 급격한 혈류 장애가 원인이 되어 일어나는 증상으로 특별한 예고 없이 갑자기 의식을 잃고 전신이나 반신 또는 팔 다리가 마비되는 병으로 대개 중년 이후 노년층에서 많이 발생하고 있다.

한번 중풍을 일으키면 사망하거나 산다고 하더라도 그 후유증으로 인해 반신불수나 사지마비가 되는 경우가 대부분이다. 일본 큐슈카고시마겐 지역에서는 중풍에 관한 독특한 민간요법이 있는데 그 인근 지역 수만 명의 복용자들 중 중풍에 걸린 사람이 한 사람도 없다고 한다.

(1) 화재의 일본 민간요법

1) 만드는 법(1인분 기준)

① 계란 흰자위 1개

사기 또는 유리그릇에 넣고 반드시 나무젓가락으로 거품이 날 때 까지 젓는다(1백 50회).

② 머위(머구)잎 4-5매

생즙을 내어 5숟가락(커피스푼)을 계란 흰자위 푼 것에 넣고 50회 젓는다(털머위는 쓰지 않음).

③ 곡주(청주·법주)

화학성분이 없는 술 5숟가락(커피스푼)을 데워서 ①, ②에 혼합하여 30회 젓는다.

④ 생매실 5개

씨를 제거하고 즙을 내어 ①, ②, ③의 혼합물에 넣고 2회 젓고 복용한다(말린 매실은 불가).

2. 특징 및 주의 사항

(1) 평생 단 한번 복용으로 중풍을 예방 할 수 있다고 한다.
(2) 연중 복용이 가능하며 매년 6월경이 가장 적기이다.
(3) 복용 후 30분 이내에는 음식물 또는 물까지도 먹지 말아야 한다.
(4) 만드는 법은 꼭 순서를 지켜야 한다.

(자료제공. 의료보험 조합)

봄이면 연례행사처럼 하던 대청소를 오늘은 이른 아침부터 시작하여 창틀 먼지이며 집안 구석구석 청소하고 밀린 세탁까지 했다. 일은 끝도 없지만 그래도 행복하다. 뜰 안 가득 따사로운 햇볕 비춰 주는 햇살을 받으며 마당에 앉아 잠시 마시는 커피 맛도 진미를 느끼며 잠시 허리 펴고 쉰 후 다음은 옹달샘 청소가 기다리고 있다.

바가지로 샘물을 퍼내니 묵은 가랑잎이 겹겹이 쌓여 있다. 조약돌도 끄집어내고 빡빡 문질러 씻으니 반들반들 윤이 났다. 지름 50센티미터, 깊이 80센티미터 되는 우리 집 명물 옹달샘에 고여 드는 샘물을 부지런히 퍼내고 조약돌, 참숯을 넣으면 어느새 퐁퐁 솟은 샘물이 가득 채워진다.

약 20년 전 이 마을은 30호 가옥이 있었는데(지금은 일곱 집) 어느 해 심한 가뭄에도 이 우물만은 고갈되지 않았다는 동네 어른들에게 들은 이야기 때문인지 더욱 자랑스럽다. 이 터에 새집을 짓고 옹달샘도 다시 복원하여 지금은 아주 앙증맞은 옹달샘으로 새롭게 탄생했다.

여름은 물이 차갑고 겨울은 따스하고 물맛이 담담하고 투명하여 차고 상큼하다. 옹달샘 옆 홍매화가 흐드러지게 필 때면 언덕 위 작은 나의 집은 세상 부러울 게 없는 낙원이다.

집터를 닦기 전에만 해도 칡넝쿨이 마구 뒤엉킨 채 억세게 자라난 산죽, 억새풀, 달맞이꽃, 명아주, 온갖 잡초 무성했던 볼 품 없는 황무지였으나 땅을 골고루 할 때만 해도 이웃 어르신들의 걱정도 컸다.

물이 많은 땅 언제나 축축한 그야말로 물구덩이이었음으로 고가를 헌 후 여러 해 묵혀 있었고 작자가 나섰다가도 해약이 되기도 했단다. 이 세상 모든 것이 주인이 따로 있는 법, 내 것이 되고 막상 일을 벌이고 보니 예삿일이 아니었으나 집념 하나로 이 땅을 부르도저로 밀고 수맥은 알 수 없으나 지수(地水)의 흐름을 잘 따져 그 물을 이용하여 작은 연못도 만들고, 뜰에는 잔디를 심고, 담장은 야트막한 빗살무늬의 화이트 칠을 하는 등 어느 것 하나 남편의 손길이 닿지 않는 것이 없었다.

황무지를 개간하여 지금은 평화로운 우리 내외의 안식처가 되었다. 무슨 일을 시작하면 삼년을 해야 빛이 난다 하였는데 역시 세월이 지나 유실수도 훌쩍 자라 모과, 대추, 자두, 앵두, 매실, 감, 배가 속속들이 주렁주렁 열리기 시학하여 첫 수확한 농익은 싱싱하고 상큼한 과일 맛도 함께 즐길 수 있는 행복도 가져다 주었다.

부쩍 자라버린 정원수로 꽉 들어 차 완전한 제 모습을 갖춘 지금은 이웃에서 오셔서 잔디에 앉아 감탄하시곤 한다. "참 이상하네? 그 질퍽하던 물은 다 어디로 갔노! 뜰 한 곁에서 소주잔을 기울이며 왁자지껄 이야기 소리의 웃음소리가 맑은 공기를 타고 낭낭하게 울려 퍼진다.

주말에 잠깐 다녀가니 하루해가 얼마나 짧은 지 쉴 틈도 없다. 잔디밭에 풀씨가 떨어져 새 생명이 움트고 나는 호미 들고 잡초를 뽑기 시작한다. 금년에는 예년에 비해 계절이 빠른 탓인지 벌써 대지 위엔 종달새가 우짖고 아지랑이 더불어 약동하는 생명력 솟구쳐 오르는 힘이 정황이 벌어지고 있다.

봄은 정녕 산골 뜰에도 찬란히 빛나고 땅에는 취할 듯 향기가 돈다. 자연은 생사 생명의 섭리에 따라 운영되고 한 포기의 풀도 새봄을 맞아 새움을 틔울 때는 잉태의 신비가 있지만 잔디밭에는 장애물이고 화단에는 잡초일 뿐 뿌리가 깊기 전에 부지런히 매몰차게 뽑아야만 했다. 하루 종일 움직였더니 이것도 일이라고 송송 구슬땀이 이마에 맺히고 샘물 한 바가지 퍼 마신다. 청령한 냉수! 이슬 같은 맑은 샘물! 숯에 정제한 고귀한 생명의 증류수이다.

벌컥 벌컥 마시고 뜰 안도 한바탕 치우고 나면 오후에는 쑥을 캔다. 볕바른 양지에 뽀얗게 쏘옥 돋는 새순 한 포기씩 대지를 뚫고 나오는 새 생명이 어스러질까 조심하여 바구니 가득 채우는 즐거움, 대자연의 신비스런 운영 법칙과 새 절기가 시작되는 생기를 머금고 자라난 봄나물은 봄에 채취한 것이 가장 연하고 맛있고 또 인체에 이로운 영양이 듬뿍 있기에 오늘 저녁 밥상에 냉이무침과 머우무침, 향긋한 쑥에 콩가루 솔솔 뿌려 된장국을 끓일 작정이다.

쑥에는 무기질과 비타민 특히 칼슘과 비타민 A가 아주 풍부하며 열이 생기는 식품으로 소화불량, 신경통, 부인병, 고혈압에 좋다고 하니 제철에 많이 먹고, 새 봄 새 정기를 받아 일터로 가기 위해선 서울행 밤차를 타야겠다.

2 사색

오전 10시 동해 삼척 행 버스가 서서히 강남고속터미널을 출발하였다. 호남선, 영동선을 오가는 수많은 대형 버스 속을 헤집고 도시의 우뚝 솟은 빌딩숲과 각종 공해로 찌든 도시를 뒤로 하고 고속도로에 진입한 차는 정체 없이 잘 질주해 나가기 시작했다.

차창 밖은 급류처럼 흘러가는 풍경과 높푸른 하늘을 우러러보니 마음은 벌써 향촌에 있는 나의 집에 가 있었다. 수구초심(首丘初心) 여우가 죽을 때 태어났던 굴 쪽을 향해 머리를 둔다는 것과 같이 내게도 지치면 언제든지 바람처럼 훌쩍 떠나 돌아가 편히 쉴 수 있는 처소가 있는 것만도 값진 축복이고 행복이다. 인간의 귀소본능 때문일까? 그곳은 거리의 소음이 차단되어 바깥세상과 절연된 조용한 산장과 같은 곳, 전원은 인간에게 육체에 맑은 공기 공급과 휴식의 안식처를 주어서 좋은 곳, 우리집 뜰에서 내려다보는 풍광명미!

지금쯤은 아마 억새꽃이 가을 햇살에 하얗게 흩날리고 있을 것이다. 억세 꽃은 옛날 어느 양반집 예쁜 딸을 짝사랑하다가 죽은 한 무당 아들의 넋이 된 것이라는 전설을 알고 계신 분은 다 알고 있으리라고 믿는다. 억새 흐드러진 사이로 주홍색 감이 주렁주렁

알알이 익어가고 있을 테고 뜰에서 보는 하늘 또한 티 없이 맑고 아름답기에 마음은 벌써 흰 구름 두둥실 흘러가는 그 하늘 아래 멈춘다.

차가 빠르게 스쳐가는 광활한 들녘은 황금물결이 일고 자연 앞에 선 늘 인간은 새로운 생활 설계를 추구해 보기도 한다.

때로는 반성하는 기회도 주고 또 권태자의 위안소가 되어줌에 이 얼마나 고귀하고 영원한 어머니의 요람지이겠는가? 사색! 지나간 추억들이 아스라이 등불처럼 떠오르고 차는 벌써 남한강, 섬강 지점을 지나 둔내 터널을 통과하고 있다. 터널을 막 벗어나니 가을꽃 코스모스가 소슬바람에 하늘거리는 가을 길목에; 깊숙이 접어들고 있었다.

지난 9월 10일 오픈한 강원 엑스포가 지금 속초에서 열리고 있어 대형 광고 현수막이 눈에 띄고 길옆 잘 단장된 꽃길에는 국화, 사루비아가 만개하여 함초롬히 피어 찾는 손님을 환하게 웃으며 맞아 주고 있다.

금년에는 넉넉한 일조량과 늦더위가 농촌의 풍년을 예약했으나 예기치 못했던 태풍으로 들녘에 익은 곡식은 물에 잠겨 다소 안타까운 면도 있었지만 가을은 풍성하고 좋은 계절이다.

봉평 터널 주위엔 잣나무가 쭉쭉 뻗어 유순과 순진의 푸른 생명들이 긴긴 겨울날 인고의 인내가 아니었으면 이 가을의 풍성한 열매를 가꾼 성숙한 아름다움은 없었을 것이다. 삶은 언제나 가고 있는 길목 벗의 여로! 이런 저런 공상이 떠오르다 보니 문득 생각나는 게 있다.

어느 외국의 신문에서 '세상에서 제일 아름다운 것'이라는 제목으로 현상 모집을 했다는데 1위가 어머니의 미소, 2위가 어린애의 손, 3위가 모차르트의 음악, 4위는 들에 핀 백합화, 5위는 하늘에 반짝이는 별이라고 했다.

어찌 어머님의 미소뿐이랴, 어머님의 모든 것이 여기 속할 것이다. 땀 흘려 일하는 모습으로 사랑하는 가족을 위한 일거일동의 행동들이 모두 아름답다. 더욱 남을 위한 따스한 자비의 마음가짐, 이웃을 위해 봉사하는 손은 또 얼마나 아름다운가. 아름다운 마음으로 세상을 본다면 어느 것 하나 아름답지 않은 것이 없다.

여름날 아침 이슬 듬뿍 머금은 풀잎도 아름다움이고 춘하추동을 청백히 살다 그 운명을 다한 고운 단풍잎도 두메의 풍치도 파란 초원 언덕 위에 부룩송아지가 한가롭게 풀을 뜯는 평화스런 모습도 누가 아름답지 않다고 말하겠는가.

버스는 용평을 지나 해발 832고지 대관령 옛길을 지나고 있다. 대관령 정상에 이르니 가을날이 청명하여 강릉시가지가 한 눈에 들어온다.

사임당 신씨께서 강릉을 뒤로 하고 이 대관령을 넘어 한양 가시면서 친정에 홀로계신 어머님을 생각하여 많이 울고 넘던 대관령 옛길 한국의 어머님 중에서 오래도록 숭앙을 받아 온 분! 그 분은 고귀한 아들을 두었기에 후일 정경부인의 추서도 받았지만 사람은 명예보다 그 행적의 값어치를 우리는 존경한다. 그분은 필법과 그림 솜씨의 탁월함과 높은 덕성으로 자녀를 모범되게 가르친 훈도 또한 후일 우리가 본받을 점이다. 잠시 사임당 생각에 버스는 구절양장 같은 대관령 고개를 넘고 벌써 외각 도로를 지나 남대천 다리 위를 달리고 있었다.

시간은 인생의 일회성에 지나지 않고 한 번 지나면 다시 오지 않는 이 순간을 우리는 소중히 여겨야 하며 옥계 나들목을 벗어나니 동해바다 맑고 푸른 물이 눈앞에 펼쳐진다. 서울발 동해 도착이 늘 4시간 30분 소요시간이었으나 월정사까지 4차선 도로가 지난 2001년 7개월에 개통하여 3시간 10분 만에 동해시에 도착했다.

버스에서 내려 유난히 푸르고 높은 하늘을 우러러 보는 사이 어느새 마중 나온 남편이 미소를 지으며 내게로 다가오고 있었다.

3 1999년 속초(EXPO)

희뿌연 여명이 가만히 창을 두드린다. 달고 평화스러운 잠에서 깨어나 청아한 아침 공기를 마시며 금일은 계획 한 바 속초 엑스포 관람을 위해 부지런히 채비했다. 보온병에 따끈한 커피를 채우고 간편한 옷차림으로 집을 나섰다. 집 앞까지 도로 포장이 되어 있지 않은 약 200미터 촌로 가리마 길을 내려갔다. 영롱한 아침 이슬 맺힌 길을 스적스적 걷노라면 도시에서는 결코 맛볼 수 없었던 신선함과 쾌적함이 있다. 길섶에 세워둔 자동차 유리창엔 밤사이 내린 이슬로 차창이 희뿌옇다. 창을 깨끗이 닦고 서서히 시동을 걸고 출발하고 달리는 7번 국도는 눈이 시리도록 푸른 바다와 함께 힘껏 달려보는 기분으로 근간에 오랜만의 나들이였다.

9월 25일은 우리 부부의 결혼기념일. 34년 전인 1965년도 그날은 전날 밤부터 비가 억수같이 쏟아졌다. 삼척동양시멘트 구락부에서 장수호 사장님의 주례로 하객들의 축복을 한 몸에 받으며 결혼식을 끝내고 신혼여행지인 설악산을 가려고 했으나 전날 밤 심한 폭우로 강물이 불어나고 도로 사정이 좋지 못해 하는 수 없이 강릉 경포에 있는 동해 호텔을 신혼여행지로 정할 수밖에 없었다.

깊고 푸른 경포호수에서 갓 잡아 올린 싱싱한 가물치회를 고풍과 운치 있는 경포호수 옆 어느 고가 대청마루에서 음미했던 추억 또한 아슴한 옛 일이다. 결혼 역시 우여곡절 끝에 맺어진 결실이었다. 어머님을 비롯한 형제자매 모두가 무척이도 반대했던 어느 날 어머님을 모시고 나의 맏언니가 부산에서 제일 유명하다는 역술가(무속인)을 찾아가 궁합이란 것을 보신 결과 "이 두 사람은 찰떡궁합 천생연분입니다. 반대하시면 도망가서라도 함께 살 인연이니 놓아두십시오. 초년에 고생이 많으나 말년에는 괜찮아요." 라고 했단다.

자식 이기는 부모 없다고 그 후 모든 것을 포기하신 우리 어머님이셨다. 그렇게 어렵게 결혼한 부부의 인연이었으나 오랜 세월 함께 살다보니 젊었을 때 한 때 싸우기도 많이 싸우며 살아온 세월이다. 아무리 철썩 같이 사랑한다 해도 남녀가 더불어 산다는 것은 수많은 갈등과 고통이 동반하기에 영국의 작가 오스카 와일드는 "서로의 오해에 바탕을 둔 것이 결혼"이라고 하였고 "결혼은 어떤 나침반도 항로를 발견하지 못한 거친 바다"라고 독일 시인 하이네가 비유하였다.

"연애는 아름다운 오해요 결혼은 참혹한 이해"라고 누가 말한 것처럼 시련과 고통에 지난 세월도 티격태격하면서도 끈끈한 사랑이 있었기에 숱한 의견 충돌도 있지 않았나 여겨진다. 언젠가 목마른 그 무엇인가를 위해 자기의 영혼을 다 열어 줄 수 있는 어느 특별한 해후를 위해 성실히 서약하며 살아왔다.

이제 예순 고갯마루를 한 발 앞서가는 참한 표정과 해맑은 미소로 깊은 속마음까지 삭이려는 따습고 경건한 삶의 긍지에 서서 삶은 회사요, 참회요, 해후요, 이별이 아닌가, 살아온 날보다 앞으로 살아야 할 날들이 많지 않는 지금 서로를 위하고 이해하며 지상에서 마지막 여정의 흔적을 남기고 우리 생애가 고요히 닫히게 될 그 때까지 사람의 정이 담소하는 노부부의 모습으로 고귀하고 아름답게 늙어 감을 염원하며 긴 사색의 2시간 소요시간 끝에 엑스포 현장에 도착하였다.

바다가 인접한 넓은 주차장에 차를 세우고 입장권 2장을 구입하고 정문에 들어섰다. 우선 국제관에 먼저 들어갔다. 세계 60개국 78개 지방 정부가 참가해 각 나라의 고유한 전통음악과 첨단과학기술도 접할 수 있었다. 개중에 더 값진 것은 에디슨 박물관에서 에디슨이 최초로 만든 전등, 축음기와 또 세계에서 2대뿐인 포노그래프를 비롯하여 오늘에 이르기까지 세계 17개국에서 만든 희귀 축음기 1천 5백여 점이 전시되어 있었고, 관람객에게 전시 오디오의 소리를 직접 감상할 수 있는 것도 좋은 볼거리와 들을 수 있는 것을 동시에 가져다주었다.

제1관, 제2관, 제3관을 거쳐 각 나라의 특산물도 두루 살펴보며 1993년도 대전 엑스포 때엔 서울 양목초등하교 6학년 13반 학생들을 인솔하여 관람했던 그때를 잠시 회상하기도 했다. 야회 공연장 몽골의 축제공연도 퍽 인상적이었다. 몽골의 전통음악은 마치 우리나라 아리랑처럼 구슬픈 가락에 맞춰 그들이 추는 춤에 나는 빨려들어가고 있었다.

몽골 주민들이 오순도순 모여 앉아 땔감인 마른 똥 타는 난로에서 차(茶)가 끓어오르는 보금자리 겔(몽골인의 천막집)을 생각하고 또 그 나라의 최고 문학자 니착도르지가 노래한 요람같은 광야로 달려가는 것처럼 그들의 율동에 나는 취해 공연 막이 내린 것도 잊고 멍하니 그렇게 앉아 있었다.

어느덧 날은 저물고 속초에서 바라보는 낙조가 황홀했다. 속초

앞바다에서 바라본 수평선 야경은 수천수만의 등불이 어우러져 현효하였다. 이슥한 시간에 서둘러 귀가했다.

4 다시 가고 싶은 곳

문명의 횡포에 시달린 현대 속에서 인간이 만들어 낸 온갖 소리와는 결연 된 곳 오직 자연의 소리만 들을 수 있는 곳으로 훌쩍 떠나고 싶은 마음 간절하다. 단풍열차를 타고 홍엽(紅葉)의 비경 속으로 달리고 싶다. 괴암 절벽과 아울러 울긋불긋 물들기 시작한 단풍 절경을 한 아름 가득 안고 싶다.

영원, 중산, 추전, 태백을 잇는 태백산에서는 지금쯤은 온 산천이 붉게 물들었을 테고 또 국내에서 해발고도가 제일 높은 855미터 지점에 있는 추전역, 똬리굴(터널)이라 불리는 르푸식 터널 환상선을 타고 떠나는 묘미의 여행도 족하리. 첩첩 산중의 승부역, 하늘도 세평 꽃밭도 세평이라고 커다랗게 적힌 입간판의 한 눈에 띄는 경북 봉화군 석포면 승부리에 위치한 영동선, 그곳도 야간열차를 타고 수없이 스쳐간 곳이긴 하였지만 밝은 대낮에 잠시라도 좋으니 머물고 싶은 곳이기도 하다.

낮 기차를 타고 차창 가득 담긴 광활한 전야를 바라보며 마음이 서로 통하는 친구와 함께 여행을 하고 싶다. 같은 세월을 살아 온 우리들의 옛 이야기가 이어지고 오가는 이야기는 쉽게 끝이 나지 않는 담소를 나누면서 살아 갈수록 마음속에 늘 소중한 친구와 함께 말이다.

내 주위에는 비정하고 교만하고 독선에 빠진 친구는 하나도 없다. 무례하고 인색하고 공리에만 치우치는 그런 친구는 더더욱 없으니 남달리 인덕 많은 자신이 무척 행복하다고 자부하고 싶다. 소박하고 순수한 마음으로 늘 진실만을 보여 주었고 또 아무 조건 없이 무한량 베풀어 주기만 했던 친구와 함께라면 이 세상 어딘들 못 가리. 우리나라 서남단에 자리한 땅 끝 그곳에도 함께 가고 싶다.

전남 해남에서도 43킬로미터에 위치한 한반도 최남단 땅 끝 마을. 땅 끝 탑이 있는 송지면 갈두리 토말(土末). 그 땅에서 바라보는 국도와 다도해의 아름다움도 잊을 수 없는 동경의 세계로 기억에 남는다.

사자봉 정상에서 바라보면 오른쪽으로 완도와 보길도가 있고 왼쪽으로는 진도를 비롯해 어룡도, 백일도, 흑일도, 조도 등 크고 작은 20여 개의 섬들과 진귀했던 감동의 물결이 내 망막에 아련히 그려지며 꼭 다시 한 번 가고 싶은 곳이다.

오색찬란한 원시림의 오솔길을 곧 덮게 될 다갈색의 낙엽을 밟으며 음악의 미(美)가 화음이듯 우애의 화목을 미덕으로 여기니 무척 보배로운 친구!

우리의 우정 금석지교(金石之交)로 영원히 지속되길 바라면서 낙엽 쌓인 오솔길을 거닐며 눈송이처럼 피어난 억새꽃이 파도치는 가을 산과 들바람에 물결 이루는 들녘도 거닐기도 하고 인생을 사색하고 생활의 멋도 함께 가져보았으면 한 욕망에 지금 당장 함께 훌쩍 떠날 수 없음이 아쉽다.

내가 늘 마음에 두고 있는 사랑하는 친구 복선(福善)아!

예전처럼 육필로 쓴 정겨운 서신 한 장 자주 주고받지 못하고 가끔 전화로 짧은 시간 안부나 묻는 것만으로 자주 하지 못한 바쁜 일상이 되었구나. 복선(福善)아! 이 가을이 저물기 전에 한번 기회 봐서 꿈 많던 여고시절 짝처럼 달리는 열차에 나란히 앉아 도란도란 이야기꽃을 피우며 떠나보자.

폐차

처서를 지나 조석으로 제법 서늘한 바람이 불고 창밖 나뭇가지들이 흐드러진 채 비를 흠뻑 맞고 있다. 아파트 고층에서 내려다본 풍경! 무수히 밀려오고 밀려가는 차(車)들이 부산스레 움직이고 다양한 색상 헤아릴 수 없을 만큼 차종 또한 다종다양했다.

시원스럽게 내리는 빗속 풍경을 하염없이 내려다보고 있으려니 불현 듯 몇 년 전에 폐차한 승합차가 생각났다. 남편이 미술학원(입시지도)을 운영하였기에 그 당시에 구입하여 오랜 세월 우리와 함께 한 차가 노후 되어 막상 폐차하게 되니 마음이 서운했다.

신종(새차) 차를 소유한 기쁨도 있지만 사람에겐 구관이 명관이듯 그 동안 사용해 왔던 소유물이었기에 새것보다 더 애착이 감은 사실이다. 수년 동안 우리 가족의 생계 수단이 되어주고 게다가 주말이면 여행과 병행한 야외 스케치하는데 큰 몫이 되어준 일등공신이 아니었던가. 남편은 승용차보다 승합차에 더 매력을 가진 이유는 추운 날씨나 우기 때에도 차 안에서 이젤을 펼쳐놓고 창 밖 풍경을 캔버스에 옮길 수 있는 넉넉함이 있었기 때문이다.

화가인 남편의 그림 소재는 주로 바다다. 일간지 작가 초대석에 실린 기사를 여기 소개할까 한다.

바다 불타는 남성의 정열이…….

선의 예술로 개성이 뚜렷한 작가 백석일, 그는 꿈과 이야기를 대담하게 그리고 있다. 노란 하늘, 붉은 하늘, 파란 하늘, 초록색 하늘 …… 반추상인 그의 작품은 푸른 바다, 보라색 바다, 검붉은 바다, 회색바다 …….

주관으로 사실을 초월하는 그는 선을 생명처럼 아낀다. 도란도란 정다운 집들이 보이는 수채화 뿐 아니라 선이 굵은 양화, 소모 등 골고루 터치한다. 잘 사는 집도, 가난한 집도 보이지 않는다. 배와 항구의 비린내가 물씬 풍겨 남성다운 매력을 끌고 있다. 시원한 풍경, 강렬한 의지가 한데 어울려 자연을 창조한다고나 할까.

사회와 타협하지 않고 개성을 지키면서 살아가는 그는 한때 무질서와 방탕의 시간을 허비했다는 것, 그래서 그는 작품 속에서 흔들리는 영혼의 공허감을 극복하는 과정을 담고 있다. 백석일 화백은 불우했던 지난날을 회상하면서 불우청소년 돕기 자선 전시를 개최하면서 보람찬 표정을 짓는다.

5월 3일부터 9일까지 동덕미술관에서 전시를 마친 그는 앞으로 전국 순회 불우아동돕기 전시회를 펼 계획이란다.

홍익대학교 서양학과를 졸업한 그는 충무공 해전도 500호 제작(해군본부 소장)과 더불어 바다를 소재로 한 유화뿐 아니라 수채화를 통해서 자아를 실현해 보고 싶다고 한다.

예혼이 더욱 불타게 해 준 것도 다 기동력이 되어 준 차(녀석) 덕분이다.

인천, 강화, 동해, 서해안, 전국 방방곡곡을 누빈 스케치 여행에도 발이 되어 준 녀석은 우리 부부에게 참 많은 추억을 남겨주고 이 세상에서 흔적 없이 아스라하게 사라졌다. 몇 해 전 겨울 방학 김천 홍문산 기도원에 갔을 때 그날 날씨가 나빠 눈보라가 몰아쳐 윈도우에 계속 내린 눈을 와이퍼로 빠르게 움직여 쓸어도 끝없이 내려앉았다.

밤은 점점 깊어가고 전조등을 멀리 비추면 불빛 속에 쏟아지는 기습 폭설은 솜뭉치처럼 펑펑 내리고 있었다. 최악의 조건에도 불구하고 정지하지 않는 녀석의 원동력에 힘입어 기도원을 향해 힘껏 달렸다.

악전고투에 바깥바람은 매섭도록 차갑고 국도에서 기도원까지 약 12킬로미터를 달려가도록 스쳐가는 차는 한 대도 없었다. 대설주의보가 내린 것도 모르고 그 심한 폭설을 뚫고 밤 10시 경에야 겨우 용문산기도원에 도착할 수 있었다. 수위실에서 몇 분의 어르신이 차 소리에 놀라 문을 열고 내다보시며 이 폭설에 어떻게 오셨느냐고 의아하시며 모두 놀라셨다.

기도원에서 하룻밤을 묵고 이튿날 아침을 맞았다. 백설이 뒤덮은 장려함! 밤사이에 눈은 더 많이 쌓여 온 세상은 마치 세월과 더불어 하얗게 늙어버린 노인의 백발을 보듯 한동안 설경에 도취하여 마냥 서 있었다.

혹독한 바람은 살을 에는 듯 차갑고, 개울물은 꽁꽁 얼어붙고, 나뭇가지 설화는 찬란한 아침 햇살에 영롱하게 반짝임이 장관이고 시시각각으로 변해가는 설경에 도취한 무아지경에 끌려 들어가고 있었다.

겨울 비경이 경지에 이른 그 아름다움을 화폭에 담을 시간이 없는 대신 카메라에 담고 서둘러 주차장을 빠져 나왔다. 김천시에서 운행하는 버스도 두절 상태라 시내로 나갈 길이 막막하였다. 그렇다고 무한량 길 뚫릴 때까지 기다리고 있을 수 없어 시동을 걸고 차창 유빙을 녹이고 엔진을 달궜다.

마을 진입로까지 동네 사람들이 제설작업을 하여 간신히 빠져나올 수 있었으나 계곡을 끼고 하얗게 눈 덮인 경사로 길을 헤쳐

나가기가 여간 힘든 일이 아니었다. 계곡을 내려다보니 벼랑 저 밑의 깎아지른 듯한 절벽은 아찔할 정도로 가파르고 바퀴가 조금씩 움직일 때마다 마치 살얼음판을 걷는 것 같이 옥죄는 긴장감에 사로잡혔을 바로 그 때 육중한 차체가 스스로 미끄러지며 계곡 쪽으로 쏠리는 불가항력에 속수무책인 순간 아! 이제는 죽었구나 하는 찰나 스르르 미끄러지던 차는 아름드리 큰 노송에 걸려 멈추었다.

간담이 서늘했다. 그리고 "오! 마이 갓 주님!" 하는 소리가 스스럼없이 나왔다. 차체는 기우뚱하고 우리는 조심하여 살금살금 차에서 내려와 바퀴를 보았다. 체인은 감긴 상태 그대로 정지해 있었다. 장시간 사투 끝에 간신히 차는 제 위치로 올라오고 위험을 모면한 천우신조라 생각했다.

서행 운행하여 간신히 아랫마을 까지 왔다. 기온은 뚝 떨어져 노면은 상당히 매끄러웠다. 국도에 접어들고 김천 시내까지 운행 도중 도로 옆에는 차가 전복하여 논두렁에 벌렁 누워있는 사고 현장이 자주 눈에 띄어 긴장 속에 조심 운전을 하였다.

운행 중 갑자기 우리 차가 쭉 미끄러져 빙그르르 돌더니 반대편 차선에 멈추었다. 또 한 번 큰일 날 번한 순간이기도 했다. 다행히 반대 차선에 차가 오지 않아 위기를 모면한 운 좋은 날 그 날도 차는 우리를 천명처럼 지켜주었고, 평범한 일상에 고락을 늘 함께 했으며, 국내 여행에 고생도 많았고, 좋은 추억도 많이 남겨 두고 노후가 되어 폐차장에서 차체가 하나하나 분리되고 있었다.

정들었던 애착에 남편은 차체를 쓰다듬고 토닥이며 그 동아 나를 주인으로 만나 정말 고생 많았다. 잘 가거라는 듯 남편은 차체를 쓰다듬어 주며 마지막 작별 인사를 하고 더 비참한 형체로 분리도기전에 그곳을 떠났다.

6 사추회

나에겐 각종 모임이 여럿 있었다. 웬만한 모임은 정리하고 지금은 2개의 모임만 존재하고 있다. 여고동창 모임과 서울 목동 서정초등학교 재직시(1992년) 6학년 담임이었던 동 학년 네 명의 남자 선생님과 다섯 명의 여자 선생으로 구성되었으며 연령별로는 20대에서 50대까지의 모임이 있다.

늘 앞에서 이끌어 주시는 인정 많으신 주임 선생님을 비롯하여 학년 초부터 화합이 잘되고 성격들도 모두 하나같이 원만한 늘 진면목만 보여준 착실한 사표가 될 동료들로 구성되었으며 남남이라기보다는 호의 호제한 동류 상종이었다.

동 학년 회의에 모이면 늘 화기애애한 웃음이 넘치고 또 허물없이 우스갯소리도 스스럼없이 할 수 있는 자리도 아마 흔치 않으리라고 믿어진다. 기왕이면 세상을 낙천적으로 즐겁게 살아가자는 이 모임 덕분에 여행할 기회도 많았다.

방학 때면 좀 멀리 남한 최고봉 해발 1,950인 한라산 백록담을 비롯하여 설악산대청봉, 지리산 천왕봉, 울릉도 성인봉, 태백산 천재단, 월악산, 산정호수, 변산반도 등 두루 여행하고 주말을 서울 근교 북한산, 관악산, 도봉산을 산행하며 모일 때마다 적재적소 유머에 익살과 걸쭉한 육담까지 겸한 참 재미난 팀 구성이었다.

첫째, 자연을 감탄할 줄 알아야 한다.

우리는 호연지기, 자연 앞에 서면 감성이 모아지고 누가 먼저랄 것도 없이 와아아…… 감탄과 함성이 일시에 터져 나오고 우주 만물 안에 살아가는 모든 생물 앞에 자연의 섭리에 감사할 줄 알았다.

둘째, 불평불만을 해서는 안된다.

늘 서로의 의견을 존중하는 지성으로서 이것이냐 저것이냐 문제의 갈등이 생기면, 동가홍상이란 결정이 이루어지면 늘 형님 먼저 아우 먼저 하는 미풍양속 미덕의 마음가짐에 별 문제 될 것이 없었다.

셋째, 음식 투정을 해선 안된다.

이것 역시 음식 맛 까탈스럽게 가리는 사람이 없기에 로마에 가면 로마법을 따르듯이 어느 지방에 가든 그 지방의 볼거리와 먹거리 토속 음식 메뉴에 잘 순응해 주었다.

사람의 됨됨이를 알려면 함께 여행을 해 보라고 했다. 우리 사추회 모임이 구성 된지 어언 10년이란 세월이 흘렀어도 그 동안 아직 누구 하나 의견 충돌도 없었고 오히려 개개인에게 어려운 사정이 생기면 상부상조하는 마음이 모아지고 그리고 이 모임은 심지어 한 달에 한 번 만나는 것이 뭐가 그렇게도 흥미진진하고 즐거운지 월(月)에 두 번 만나자는 이야기가 나올 정도로 세월이 더 할수록 친목이 돈독하다. 모였다 헤어질 때면 다음 만남에 있어 유쾌하게 웃겨 줄 수 있는 유머 한 가지씩 준비해오도록 과제를 내주면 누가 선생님들 아니랄까봐 어디서 그렇게들 철저히 숙제를 잘해오는지 한 사람씩 발표할 때마다 가가대소하고 역시 육담에 관해선 박장대소에 견디다 못해 포복절도로 눈물 질금질금에 아랫도리 촉촉이 지렸던 그 일상들로 하여금 생활의 활력소를 안겨 주기도 했었다.

창설 당시 교대를 막 졸업한 20대 막내 이 선생이 결혼하여 남매를 둔 어언 30대 중반의 현숙한 여인이 되었고, 연장자인 50대 초반이었던 박선생과 나도 어언 이순을 넘긴 황혼 저문 창가에 앉아 잠시 지난 세월에 감회가 잔잔히 가슴속을 깊게 파고든다.

사랑이 인생을 젊게 하듯 여행도 인생을 젊게 해 주었다. 잠시 도시 생활에 표표이 세속을 떠난 지극히 단순하고 소박한 내 처소에 주말이면 내려와 뜰에 앉아 보면 치닫는 그리움이 하나의 지병처럼 깊어만 간다.

지난 추억들이 아련히 떠오르고 소중했던 감정들이 바람에 더욱 피어오른 숯불처럼 빛과 열을 받아 이글거리며 타오른다. 1999년 여름방학 때였다. 선운사로 여행을 갔는데 그날은 산행 시작부터 비가 보슬보슬 내렸고 고지에 올라 갈수록 점점 더 빗방울이 굵어져 끝내는 소나기로 변해 비는 얼굴과 종아리를 사정없이 내리쳤다. 계곡에서 갑자기 그렇게 많은 물을 토해 내는지 휩쓸려 오는 가시랭이와 삭정이 떠내려 오고 흙탕물은 무릎까지 차올라 길을 덮어버려 등산로를 분간할 수 없을 지경까지 이르렀다.

다행히 우리 일행 남성 모두가 보이·걸스카우트 담당자 역임을 오랫동안 했으므로 상황 판단력과 행동이 민첩했다. 폭우와 장대비는 사정없이 내리꽂았고 우리들은 고스란히 그 비를 다 맞으며 능선을 향해 신속하게 움직여 무사히 하산할 수 있었다.

불어난 계곡 물에도 손에 손을 잡고 그 억수 같이 쏟아 붓던 비도 고스란히 맞으며 요동치는 물살에도 휩쓸리지 않고 용케 살아온 위험했던 모험도 지금은 잊을 수 없는 아련한 추억으로 간직하고 있다.

그날 모두들 물에 빠진 생쥐 같은 또 하나의 새로운 모습도 보게 되고 숙소로 돌아와 욕실에서 흠뻑 젖은 옷을 꾹꾹 짰더니 주르륵 물이 흐른 기억도 새롭다. 또 어느 해 겨울방학 울릉도에 갔을 땐 울릉도에 유일한 들판인 나리분지에서 눈 속에 묻힌 귀틀집도 관람하고 폭설로 이미 산행이 무리인 줄 알면서도 성인봉을 향해 용왕매진한 강행군이 시작되었다. 출발 때부터 눈은 무릎까지 쌓였고 올라 갈수록 고지대 특유의 구불구불한 길도 분간이 되지 않았다.

허벅지까지 쌓인 눈을 헤치며 길을 스스롤 개척해 갔으며 간간이 산악인들이 나뭇가지에 매어놓은 헝겊 리본의 표적을 따라 계속 올라갔다. 한참을 올라가다 보니 산새는 점점 깊고 표적도 사라졌으니 심산유곡사방을 둘러보아도 암담하기만 했다.

순간 조난이 이런 상황에서 생기는 구나하고 생각하니 불안과 초조에 휩싸여 몹시 두려웠으나 누구하나 그 불안을 쉽게 내색하지 않았고 겨울의 매서운 바람만 살을 에는 가운데 연신 쌩쌩 불고 오로지 사력을 다한 혼연 일체로 부지런히 선두를 따랐으나 결국은 여기 저기 얼마동안 해매도 불평 하나 하지 않았다.

등산로는 물론 온 산천을 완전히 덮어 버린 심산유곡에 울창하게 우거진 나무들은 백설을 고스란히 뒤집어 쓴 채 그 순간의 설화가 너무나 아름다웠으나 눈앞에 닥친 조난 위기가 더 절실했기 때문에 한가로이 감상할 여유 없이 그야말로 생사의 투쟁 순간이었다.

하늘높이 치솟은 거대한 나무들 사이로 종잡을 수 없이 이리저리 얼마를 헤매었던가. 그 때 밧줄 하나를 우연찮게 발견했다. 등산객의 안전을 위해 설치해놓은 밧줄이 분명했다. 길을 찾았다는 안도감에 얼마나 반가운지 천우신조에 구세주 같고 생명줄처럼 간절했다. 우리는 그 줄을 잡고 한 명 한 명씩 위험한 난코스를 조심해 진행하게 되었고, 선두자의 지시에 따라 안간힘에 한 명 한 명 밧줄을 잡고 건넜고, 박선생님의 차례가 되었다.

중간 지점에서 갑자기 박선생이 중심을 잃고 발을 헛디디어 쭉 미끌어졌는데 아래는 절벽이고 밧줄에 대롱대롱 매달려 우리는 대경실색 간담이 서늘했던 때도 있었다. 그런 위험한 한 고비도 넘기고 계속 진행 중 멀리서 어렴풋이 들려오는 산악인들의 '야호호호……' 하는 소리가 들려왔다. 첩첩 눈 덮인 산 속에서 인간의 소리가 그렇게 반가울 수가 없었고 곧 정상이 눈앞에 가까이 있음을 확연히 감지할 수 있어 마음은 곧 평정을 찾을 수 있었다.

인간의 소리가 들려오는 방향 쪽으로 천신만고 끝에 성인봉 정상에 이르니 우유 빛 운무 가득한 산정 풍경과 광대무변한 대자연 앞에 우리들은 우뚝 서 정복한 쾌감에 입을 모아 힘찬 소리로 '야호호……' 힘껏 소리쳤다. 온 산천에 메아리쳐 울려 퍼졌다.

하마터면 조난당할 뻔 했던 위험에도 무사히 돌아 올 수 있었던 것도 모두가 씩씩하고 늠름한 사랑하는 동료들의 극진한 보살핌덕분에 무사히 돌아 왔음을 자랑스럽게 생각한다. 그리고 감사함을 아울러 전하고 싶다.

강산이 한 번 변할 동안 지속해 온 우리 모임의 명칭은 서정초등학교에서 맺어진 인연이라 서정회를 정했으나 어느 해 여행지 레크레이션 시간에 오 주임선생님(지금은 교감)께서 사과와 대추를 하신다는 것이 급한 나머지 실언으로 얼떨결에 사추라고 하셔서 그 후 자연스럽게 사추회로 바뀌게 된 미소로운 우리들만의 추억도 있다.

7 우정을 위한 사념

고운 단풍잎이 날로 짙은 채색이 퍽도 아름다웠으나 며칠사이에 우수수 낙엽이 떨어져 어느덧 서늘한 바람과 함께 초동에 접어들었다. 새삼스레 세월의 빠름이여!

봄날에 연록색으로 피어나고, 여름은 풍성한 옷차림, 가을엔 고운 옷, 화사한 연출이었으나 그 아름답던 연출마저도 조용히 막 내린 지금은 앙상한 형상에 동절을 기다리며 소슬바람을 맞고 있다. 멀지 않아 나목에 새하얀 옷차림을 생각하며 감미로운 음악의 전율이 흐르고 있다.

눈에 선한 사람보고 싶은 얼굴이 간절한 애수(哀愁)로 다가온다. '허공' 노래를 흥얼거리며 창밖을 바라보니 그리운 친구 박선생이 생각난다.

서울 서정초등학교 부임하던 날, 1988년 11월이었다. 목동아파트 7, 8, 9단지가 조성되고 새 학교가 개교하면서 중간 발령을 받은 우리 21명의 교사가 교장실에 빙 둘러 앉았을 때 나의 대각선 쪽에 앉은 교사로 얼른 보아 나이도 나와 비슷한 연배로 수더분한 첫 인상이 요즈음 젊은 세대들이 말하는 표현으로 그야말로 필(feel)이 꽂혀 내 마음 속으로 이미 친구로 생각하고 있었다.

이듬해부터 줄곧 임기 4년 동안(지금은 5년) 동학년을 하면서 그 동안 세월이 더 할수록 정 쌓은 것만도 각별한 인연이었다. 새 학교에 부임한 이듬해 어느 맑은 가을날 직원 야유회로 한 대의 관광버스가 교직원을 태우고 학교 운동장을 출발하여 즐거운 여행길에 올랐다.

유유히 흐르는 한강을 끼고 88올림픽 도로를 벗어나자 드디어 사회자가 그날의 일정을 간단히 이어 흥을 돋우는 음악이 흘러나오고 한사람씩 지명을 따라 노래자랑이 시작되었다. 각자 나름대로 장기 자랑도 가지각색으로 이어지는 가운데 박선생님의 차례가 되자 박선생임은 마이크를 잡고 가수가 무상할 정도로 멋들어지게 한 곡 불렀다.

허 공
정욱 작사, 조용필 노래

꿈이었다고 생각하기엔 너무나도 아쉬움 남아
가슴 태우며 기다리기엔 너무나도 멀어진 그대
사랑했던 마음도 미워했던 마음도
허공 속에 묻어야만 될 슬픈 옛 이야기
스쳐 버릴 그날들 잊어야 할 그날들
허공 속에 묻힌 그날들

썩 잘하는 가락에 가사구구절절 나의 가슴에 뜨겁게 와 닿아 눈시울이 뜨거워 오는 순간이었다. 그 때 아마 나뿐만 아니라 박선생의 처지를 알고 있는 동료라면 누구나 같은 느낌에 심금 울렸으리라 여겨진다. 삼십 후반 젊은 나이에 남편과 사별하고 두 아들과 힘겹게 살아가는 사생활을 알게 된 것은 시인 친구 최선생님으로 들은 이야기이다.

전 임지 K 초등학교에 함께 근무할 때 최선생님이 우연찮게 박선생에게 "남편은 무슨 일을 하세요" 하고 물었더니 박선생은 대답대신 엉엉 울어버렸다는 그 가슴 아픈 무언의 행동에 최선생은 몸 둘 바를 몰라 곤욕을 치르었다고 하며 덧붙여 실수하지 말라고 나에게 일러 주었다.

남편과 사별한지 얼마 되지 않은 그 때가 아마 견디기 가장 힘든 때였으니까 그랬을 것이고 20년의 세월이 훌쩍 지나버린 지금은 그땐 내가 그랬었지 하고 웃어넘길 수 있는 세월의 약이 한 몫을 해주었고 삶이 농익어 있다.

박선생! 여린 마음 그런대로 세파에 시달리면서 아들 녀석들 대학까지 가르치고 이제 결혼까지 시켰으니 참 장한 어미의 임무를 수행한 셈이다. 퇴직할 당시만 해도 연금으로 노후 대책하도록 주위에서 그토록 일러주었건만 가장인 박선생 입장으로는 사정이 여의치 못해 자식 결혼 자금에 신혼집까지 마련해 주느라 명예 퇴직할 수밖에 없었던 어머니의 그 심정을 자식들이 과연 알고나 있을까?

결혼만 시키면 끝날 줄 알았던 자식에 대한 우리네 삶은 그렇지 못하다. 손녀의 백일, 돌 자질구레한 뒷바라지며 아직도 일일이 신경 쓰며 살아가고 있는 친구이다. 언제 보아도 하늘 우러러 일점 부끄러움 없고 땅 굽어 추호도 거리낌 없이 청천백일 같은 심정으로 살아가는 박선생을 대할 때면 우정의 겸손한 마음까지 들곤 한다.

늘 있는 듯 없는 듯 은은한 향을 품으며 초로를 지나 인생 완숙

함을 겸비한 지금 여자는 재능도 중요하지만 내적인 아름다움이 더 중요하다고 했거늘 모두들 겸비한 아주 좋은 자랑스런 나의 보배로운 친구이다.

내 마음 속에서 우러나오는 말 폐부에서 솟구치는 말을 늘 하고 싶다. 일상이 그대를 속일지라도 사는 날까지 아름답게 열심히 살자고, 박선생! 인생의 연륜을 쌓고 세월에 떠밀려 살아온 성숙된 지금 늘 우리 영혼의 거울을 맑게 닦고 성찰하는 생활이 되어야겠지. 삶의 피로가 아닌 폭넓음을 준비하며, 인생을 고독해 본 사람만이 고독을 알고 가난해 본이만이 가난의 슬픔을 알겠거늘 친구야 언제 한 번 시간 내서 못다 한 이야기 실타래 풀며 시간 구애없이 한 번 풀어나 보세. 늘 건강을 빈다네.

8 휴식

인간은 후식과 노동의 조화를 잘 이루어야만 건강을 유지할 수 있다고 생각한다. 주중에는 주어진 일상에 열심히 일하고 주말이면 가까운 교외로 여생을 자주 하는 편이다. 여행은 돌아오는 미학이라고 생각한다. 우선 자연을 접하면 맑은 정신을 일깨워 주기도 하고 지난날을 뒤돌아보는 반성의 기회와 또 일상에서 새로운 활력소를 불어 넣어 주기도 하기 때문이다.

어느덧 가을걷이가 끝난 들판은 황량하고 들국화 무리무리 환하게 핀 언덕위로 날아드는 빨간 고추잠자리 떼의 날개짓과 그와 조화롭게 맑고 푸른 추명을 배경한 여행은 행운유수 같은 마음이다.

떠도는 구름 흘러가는 강물처럼 자유롭게 떠나 보고 싶은 마음에서 묶였던 생활에 해방감이라고나 할까. 오늘의 행선지는 제부도, 서해안 고속도로 비봉 IC에서 내려 40분 정도 서쪽으로 달리면 비릿한 배다 내음이 물씬 풍겨온다.

물때를 잘 맞추어 초입에 당도했을 때 이미 먼저 도착한 수많은 자동차들의 행렬은 꼬리에 꼬리를 물고 저 건너편 섬 제부도를 가기위해 정차하고 있었다. 썰물(간조)로 해로가 완전히 표면에 나타나고 얼마간의 시간이 흐른 후에서야 드디어 마치 모세의 기적처럼 바다가 갈리고 바다 냄새는 가을 소슬바람에 더욱 짙게 실려 왔다.

조금 후 군인들이 지휘하여 굳게 닫쳤던 철조망 문이 열리고 선두차가 움직이기 시작하자 줄줄이 섬 제부토를 향해 진입하기 시작했다. 바닥을 드러내 보인 서해바다에 끝없이 펼쳐진 진회색 갯벌 위로 수중육중 환경에 잘 적응한 무수한 생명체들이 부지런히 움직이고 있었고 조개도 속살을 뽀얗게 드러내 보이며 물줄기를 쭉 내뿜고 있었다.

광활한 갯벌 여기저기에는 노유 할 것 없이 섬을 찾은 많은 관광객들이 조개를 캐고 게를 잡으며 나름대로 알찬 휴일을 보내고 있었다. 우리는 좀 더 조용한 곳 바다가 내려다보이는 비탈진 자드락길에 올랐다. 온갖 초목이 시들어 빛을 잃었을 때서야 홀로 탐스러운 꽃을 피우는 들국화가 언덕에 가득 너울대고 있어 더할 나위 없이 아름다웠다.

서리가 내릴 때 드디어 향내를 내뿜는 들국화는 자연이 준 가장 아름다운 향연이요 가장 순수한 축배 그리고 생명이 가장 풍성한 향연이다. 멀리 바라본 바다는 동해바다에 비해 청옥 빛은 아니었으나 나름대로 아름다운 은빛 물결과 잔잔한 수평선을 볼 수 있는 곳이다. 주위의 장엄미를 배우고 조화의 진리를 터득하고 진실한 정신을 깨달으며 조용히 지나온 날들을 뒤돌아보면 온통 허물투성이로 얼룩진 내 삶을 모두 지워 버리거나 불태워 흔적을 감출 수만 있다면 그렇게 해버리고 출발하고 싶은 심정으로 그곳에서 그렇게 들국화 향기에 취하고 자연의 소리에 파묻혀 떠날 줄 몰랐으나 불현 듯 섬을 잇는 해로가 바닷물에 잠기기 전에 속히 섬을 빠져나가야한다는 생각에 서둘러 그곳을 떠나야만 했다.

어느 해였던가, 처음 제부도를 찾았을 때 좀 더 일찍 서둘지 못해 밀물이 해로에 잠기기 직전 찰랑찰랑 물이 밀려들어 올 때서야 간신히 그곳을 벗어날 수 있었던 때를 기억하며 그날은 서둘러 그곳을 떠났기에 넉넉한 시간대에 그 섬을 벗어 날수 있었다.

돌아오는 길 해는 뉘엿뉘엿 서산에 기울고 때마침 포구 어시장 앞을 지날 때서야 갑자기 시장기가 들어 우리는 잠시 어시장에 들렀다. 활기찬 공판장 여기저기에는 횟감 싱싱한 물고기가 수족관에서 한가로이 노닐고 상인들이 펼쳐 놓은 좌판에는 낙지, 조개, 게 등 각종 생선이 즐비하게 널려 있었으나 우리는 삼세기(삼식이)란 못생긴 생선을 찌개 감으로 장만하여 들판에 앉아 매운탕을 보글보글 끓여 식사하는 맛은 생선 생김새에 비하면 그 맛은 진미중의 진미였다.

콧등에 땀방울 송골송골 맺히어 열심히 민생고를 해결하고 보니 금강산도 식후경이라 주위를 둘러 눈여겨 볼 수 있었다. 해질녘 서산은 황혼의 아름다운 그 자체이고 들판은 멀지 않아 곧 흰 눈이 내릴 것이고 우리는 겨울 한가운데 성큼 들어서게 될 테지. 저물어 가는 황혼을 뒤로 하고 돌아오는 길목 촌락은 굴뚝연기가 뭉게뭉게 피어오르고 있었다.

9 어느 어린이집 원장님의 편지

나는 어느 날, 중요하다는 글모음 속에서 이 참사랑이 그득히 담긴 한 원장님의 어린아이와의 이별의 편지를 발견하곤 순수한 글이 너무 아까워 여기에 실어본다.

사랑하는 준수에게

새하얀 눈 사이 새싹이 고개를 내미려고 심호흡을 하던 어느 이른 봄날에 할아버지 손잡고 어린이집 입학식에 참석한 지혜롭고 똑똑해 보이는 눈이 동그란 준수가 무척이나 사랑스럽고 정이 갔단다. 어린이집 병아리 반에 준수가 의젓이 앉아 있으면 교실이 꽉 차 보이고 참 믿음직했었지. 그런데 갑자기 준수가 할아버지와 어린이집을 떠나서 사랑하는 엄마 아빠께로 가게 되니까 원장선생님은 기쁨과 슬픔이 한꺼번에 몰려와요. 부모님 품으로 돌아가니까 참 잘되었구나 하는 기쁜 마음이지만 그동안 많은 날을 할아버지와 따뜻하신 보살핌아래 어린이집을 잘 다녔는데 원장선생님과 여러 선생님 친구들과 헤어지게 됐다는 것이 참 슬퍼요. 그러나 할아버지의 정성스런 손길로 준수를 훌륭히 돌봐 주셨는데 훌쩍 떠나보내면 얼마나 허전하시고 외로우실까 생각하니 원장선생님은 할아버지 섭섭함에 비교가 아니 되겠구나. 지금 우리 헤어짐은 선생님과 모두들에게 마음이 아프지만 예의바르고 똑똑한 준수는 학교 가서도 이름 그대로 모범생이 되어 이다음 훌륭하게 자라서 세상에서 꼭 필요한 인물, 하나님을 기쁘게 하는 사람이 될 줄 믿어요. 부모님께 가더라도 할아버지 할머니 꼭 문안 자주 드리고, 교훈하신 할아버지, 원장선생님, 선생님들의 말씀을 기억하면서 꼭 훌륭한 사람이 되어 우리 집에 오세요. 그때까지 원장선생님은 어린이집을 항상 지키고 있을게요.

끝으로 꼭 원장선생님이 부탁하고 싶은 말이 있어요.

첫째는 꼭 하나님을 잘 섬기는 사람 되세요.

둘째는 할아버지 할머니 부모님께 효도하는 사람 되세요

셋째는 인류를 위해 꼭 필요한 사람이 되세요.

어려운 이야기는 부모님께 도움을 받으세요. 그럼 우리 다시 만날 때까지 하나님께서 준수에게, 또 할아버지, 할머니, 엄마, 아빠 우리 어린이집 위에도 함께 하시기를 기도 드려요.

안녕

어린이집 원장 선생님이 준수에게

나는 이 사랑이 충만하고 한없이 아름다운 스승과 제자와의 간절한 이별의 편지를 보고 무슨 이야기를 해야만 할 터인데 선뜻하지 못하고 있음은 이 좋은 글에 혹시나 때를 묻힐가 염려되어 한 줄의 기도로 대신하고자 한다.

"여호와시여! 원하옵건대 이런 천사와 같은 원장님에게 그리고 어린이에게 하나님의 사랑과 축복가운데 부요롭게 하여 주시기 간곡히 기도드립니다. 아멘."

5장

길손

1 봄의 향연

도처에서 생기가 뿜어나고 새 생명이 눈부시게 부활하고 있다. 새롭게 돋아난 새움의 연연한 미소에 도취한 지금 솟구치는 감정을 가눌 수 없으리만큼 흔들어 놓은 이곳 우리 동네는 어떻게 보면 좀 후미진 곳이라 여겨질지 모르지만 아무튼 우리 부부가 정착한 이곳이 나는 한없이 편안하고 좋은 낙원이라고 생각하고 있다. 낙원이 뭐 별건가. 마음이 천국이면 족하지. 주말에 잠깐 와도 그냥 주저앉아 가고 싶지 않은 마음이 간절한 곳이기도 하다.

새로운 계절이 오고감에 유달리 민감하게 느껴지는 곳이고 또 이렇게도 아름다운 계절의 여왕 5월이면 더더욱 떠나고 싶지 않다. 얼마 전에만 해도 꽃망울이 뾰족 솟아 금방이라도 터질 듯 부풀어 있었는데 어느덧 봄꽃들이 표피를 뚫고 나와 세상은 온통 화사한 채색을 연출했으니 이토록 신비로운 봄날의 향연이 없었던들 세상은 얼마나 삭막할까?

찬란한 5월의 햇살이 내리쬐는 마당 잔디는 정성들인 만큼 싱그럽고 뜰 안 모퉁이 등나무 연보라 꽃도 한창이다. 조랑조랑 탐스레히 실바람에 도리질하니 그 향은 아카시아 꽃 향과 흡사하여 향에 취하고 분위기에 취해 잠시 생활 속 가난, 불안, 절박을 다 잊고 오직 향원에 젖어 자연이 준 아름다움에 고맙고 감사한다.

숲에서 들려오는 새소리 소란히 지저귀고 꿈결처럼 들려오는 뻐꾸기 소리도 나를 황홀하게 한다. 찔레와 아카시아 꽃 필 무렵이면 앞산 뒷산 숲에서 들려오는 뻐꾸기 소리도 정겨운 고향의 소리이다.

단비 끝에 바람처럼 상쾌한 바람 불어오고 뜰 안 나지막한 담 안에 무수히 피어난 노란 붓꽃과 무성한 찔레 장미도 수없이 고개를 치켜들고 염정의 빛깔로 수놓은 자연과 인간의 혼연 일체가 이루어져 조화롭다.

간밤에 소쩍새는 왜 그리도 구슬프게 울었는지? 도시에서 밤 10시면 초저녁인데 이 산중은 한밤중같이 여겨진 밤 잠 못 이루어 뒤척일 때 멀리서 소쩍소쩍 하고 소쩍새가 울었다. 낮에는 무얼 하고 왜 꼭 밤에만 우는지? 그 소리도 내게 낭만을 가져다 준 간밤의 일이었다. 소쩍새는 모진 시어머니 밑에서 제대로 얻어먹지 못한 며느리가 죽어 소쩍새가 되었다는 전설이 있다. 먹지 않아 배고픔의 새였음을 꿰뚫어 본 것이 분명하다. 소쩍새의 울음은 '솥이 적다, 솥이 적다'라는 의미로 파악하였다고 하니 세상에서 가장 서러운 것은 뭐니 뭐니 해도 배고픔의 설음이 가장 크다고 하겠다.

50-60대 이후의 사람들에게는 너나없이 어려웠던 춘궁기(보릿고개) 시절이 있었다. 요즈음처럼 풍성한 먹거리가 많지는 않았지만 내 어린 시절은 그래도 부모를 잘 만난 덕분에 끼니를 굶은 배고픔이 서러움을 받아 본 기억은 없지만, 그 애절한 소쩍새의 울음을 깊숙이 공감하긴 어려우나 그래도 그 심정을 헤아려 보려고 노력해 보면서 눈앞에 펼쳐진 능선을 바라보니 녹두 빛 새순 사이에 산 벚꽃이 한창이고 주위엔 온통 향내 짙은 꽃을 키워내고 온갖

자연의 속삭임의 정황이 벌어지고 있다.

영국의 낭만과 시인 존 키츠는 "들리는 음악은 아름답다. 그러나 들리지 않는 음악은 더 아름답다." 라고 읊었다. 먼 산 깊은 숲 속의 온갖 들려오지 않는 자연의 소리에 귀 기울이며…….

2 여유로운 한낮

큰 며느리가 강릉에 왔다. 함께 동행 하여 정동진에 있는 해돋이 공원에 가기 위해 집을 나섰다. 고속도로, 국도 다 두고 농로인 옥계 강포 강둑을 끼고 들녘을 달려 조용한 어촌 마을 금진을 지나 근남에서 정동진까지 조성된 길이 운치 있어 그 길을 택했다.

해변 풍경은 밀려오는 파도와 하얀 포말이 되어 부서지고 이 길은 나라 안 육지에서 바다를 가장 가깝게 인접한 해변도로라 했다. 도로에서 낚싯대를 담글 수 있으리만큼 가까운 바다 곁이었다. 오른쪽엔 천태만상의 괴암 괴석에 파도와 어우러져 마치 울릉도 해변 도로를 연상케 하였고, 왼쪽 절벽 밑 길섶에는 해당화가 만발하여 길손의 마음을 사로잡는 환상적인 길이었다. 옛날에는 바다가 인접한 곳이면 어디서나 해당화 군락을 많이 접할 수 있었으나 근래에 와서는 멸종 위기에 처해 퍽 오랜만에 보는 꽃이었다.

화사한 연분홍 해당화는 옛날에 많이 보았으나 눈부시도록 하얀 해당화는 처음 본 신비함과 해풍에 하늘거리는 청아한 미를 소중히 간직하고 해돋이 공원에 도착했다. 우선 눈에 띄는 것이 멋진 외항선 한척 바다에서 그대로 옮겨 놓은 듯 그 조형물을 보는 순간 산꼭대기에 웬 배라는 의문이 생겼으나 잠시 의아했던 선입견에서 탈피하고 예술적 가치로 이해하고 보니 금새 멋스럽게 느껴지고 마치 푸른 바다로 항해 하는 힘찬 모습을 느낄 수 있었다. 그리고 갑판 위 여기저기에 서 있는 마네킹(인체모형) 선원들은 마치 산사람처럼 기상도 의상도 멋스럽다.

힘찬 돛을 올리고 이 항구 저 항구를 떠도는 바다의 사나이 마도로스를 생각하면서 폐 열차 칸을 이용한 여섯 량의 열차 카페로 갔다. 기차는 역시 여행의 낭만을 고스란히 말해 주듯 차창 밖에 펼쳐진 동해의 푸른 물결을 바라보며 그 열차 카페에서 마시는 차 한 잔의 멋도 나름대로 운치를 풍겨주었다.

해풍에 실려 오는 솔 향이 공원 가득 번져오고 공원에 조성된 각종 조각 예술품도 빠짐없이 하나하나 세심히 감상한 후 해변 광장에 설치한 세계에서 제일 큰 모래시계도 감상했다. 묵묵히 바라보는 모래시계 세월의 흐름을 말해주는 그 순간에도 모래시계 모래는 미미히 움직여 세월을 흘러내리고 있다.

정동진역은 우리나라에서 바다를 가장 가까이 인접한 기차역으로서 플랫폼에 내리면 곧 바로 멋지게 펼쳐진 모래사장과 끝 간데 없이 이어진 바다와 수평선을 볼 수 있음에 요즈음 무박 해돋이 관광 상품으로 많은 여행객들이 찾는 곳이기도 하다. 청량리역에서 강릉행 밤차로 출발하여 정동진역에 도착하면 동해에 떠오르는 붉은 태양을 맞이할 수 있는 낭만이 깃든 곳이기도 하다. 정동진역은 드라마 '모래시계' 촬영지로서 명성을 떨쳐 유명해 진 곳이기에 플랫폼을 거닐어 보고 모래사장도 함께 거닐었다.

오후엔 삼척 후진 해수욕에 있는 촛대 바위를 둘러보기 위해 그곳에 갔다. 촛대 바위는 해면에서 금방 솟아오른 듯 곧게 우뚝 서 이름 그대로 촛대 형상이고, 괴암 절벽 자연의 오묘함과 청옥 빛

바다는 눈부시게 푸르러 감탄이 절로 터져 나왔다.

절벽 괴암 속에 뿌리 내린 생명의 신비함도 나의 눈길을 사로잡았고 풀 한 포기도 사랑과 신비의 눈길로 볼 수 있었다. 바위 틈 사이로 뿌리를 내리고도 늠름하게 서 있는 해송의 자태를 인간의 힘으로 그 고고한 아름다움을 어찌 만들 수 있으랴. 희뿌연 해무까지 어우러져 온갖 삭풍에 시달리면서도 최소의 영양분 섭취와 스스로 견딘 인고로 수백 년의 세월 흔적을 가득 담고 있었다. 고단한 세월을 통한 생명의 소중함과 인간의 존엄성을 느끼게도 했다. 주위 아름드리 노송들은 의연히 태고의 세월을 말해주고 숲속 벤치에 앉아 백석 장파 바라보니 일상의 모든 시름을 잊게 해 주었다. 파도 소리 음악이 되고 날씨가 좋아 갈매기 고도가 높아지는 참으로 여유로운 한낮이었다.

밀려오는 파도가 부서지고 해변 오솔길을 며느리와 도란도란 못다 한 이야기 나누며 거닐었다. 바위섬에 핀 들꽃 속으로…….

3 새소리

창문에 쳐 놓은 버티컬 사이로 스며드는 새벽의 여명과 아울러 새들의 청량한 재잘거림에 눈을 떴다. 우리 집 닭장에 한 쌍의 토종닭 갸름하고 앙증스런 초란을 낳아 계속 모아 두었다가 얼마 전 암탉이 알을 품기 시작하여 달걀 13개를 둥지에 넣어 주었더니 식음을 전폐하다시피 매일 알을 정성껏 품고 있다. 하루 종일 둥지에서 내려오지 않고 잠시 허기와 목마름만 면하고 산고(産苦)의 고통처럼 날갯죽지는 축 져져 있고 힘없이 고개를 푹 숙인 채 온갖 고통을 겪으며 새 생명 탄생을 위해 참고 견디는 모습이 참 가엾다. 동물의 모성애도 인간 못지않음을 새삼스럽게 느꼈으며 오늘내일 중으로 병아리 탄생이 있을 것이란 소식을 들었기에 새벽 새소리는 마치 병아리 탄생소리와 흡사하게 들려 왔기에 한참 귀기울여 듣다가 용수철 튕기듯 나는 이부자리를 박차고 벌떡 일어나 닭장으로 향했다. 탄생의 순간은 늘 경이롭기에 새벽 맑은 공기와 신록의 싱그러움을 헤치며 살금살금 둥지 가까이로 갔다. 아직은 조용하고 아무런 소식이 없다. 어미는 여전히 둥지를 떠나지 못하고 체온을 골고루 유지하며 알을 정성스럽게 품고 있고 닭장 뒤 시누대(산죽) 숲에서 사르락 사그락 잎 새 흔들리며 지나가는 바람소리와 새들의 합창소리가 들려오고 있었다. 산죽 잎은 한껏 반들반들 윤기가 흐르고, 자연의 소리 경청하며 한동안 산죽을 좌시(坐視) 하고 있었다. 봄의 선두자 매화나무 곁으로 발길을 옮겼다. 깔끔한 색채 속 매화는 높고 뛰어난 운치가 은은한 향을 전달하고 있었다. 올해도 예외 없이 작은 열매가 다닥다닥 비좁게 매달려 있고 우리 인간은 자연과 더불어 쉼 쉬며 살고 토양과 대기는 순환작용을 계속하면서 생명체를 길러내고 있었다. 우리 집 전면(前面)은 통유리로 되어 가끔은 산새가 유리창에 부딪쳐 가엾게도 죽어 있을 때도 있었고 때로는 뇌진탕에 잠깐 기절했다가 다시 푸드득 날아갈 때면 기쁘기도 하고 또 안쓰러운 맘으로 비행하는 모습을 지켜보며 미안한 마음이 들 때도 있다. 봄마다 나의 혈맥 속으로 실낙원의 가슴 설레는 동경 감기듯 편안함을 느끼면 느낄수록 이별 없는 무한한 즐거움을 주는 곳 주위를 둘러 싼 산천의 정기 속에 스스로를 동화시키고 보다 낳은 영혼은 승화시키고 싶다. 바라보면 주위는 온통 아기자기한 멋을 가득 배어 부드럽고 안온하다. 5월의 햇빛 속에 눈부시게 펼쳐진 온갖 꽃들이 아름답다. 나에게도 꽃처럼 아름다웠던 청춘이 있었지만 어느새 나 스스로도 소스라칠 정도로 나이배기가 되어 있으니 가는 세월을 그 누가 막을 수 있으랴. 그러나 한편 인생은 60부터라고 했다. 가는 세월 아쉬워하지 말고 움직일 수 있는 그날까지 최선을 다하여 일할 것이며 뜰 안 가득 꽃을 가꾸는 온화하고 섬세한 정서로 살리라.

4 청소년과 우리 사회

늦은 시간 귀가 길이었다. 몇몇 청소년들이 모여서 떠들썩했다. 그 곁에 어른이 있든 말 듯 아랑곳 하지 않고 그들은 담배도 유유히 피우고 있었으며 공원 한 모퉁이에선 한바탕 육박전이 벌어지고 끝내는 주먹질이 오가고 발길질로 세차게 내질리더니 피를 흘리며 손살 같이 쫓기고 쫓고 있었다.

가정의 달 5월!

방황하는 청소년들을 보면서 나는 법무부 산하 청소년 선도위원회에서 활약했을 때가 불현 듯 생각이 났다. 우리 선도 위원들은 몇 명씩 조를 짜서 불량 청소년들이 출입하는 단란주점, PC방, 노래방, 만화방에 늦은 시간까지 순시하여 악의 소굴에 빠진 청소년을 구출하기에 앞장섰다.

적당히 갈 곳 없는 우리 청소년 문화의 후진적인 시설이 부끄럽다. 청소년들을 위한 문화 공간과 전인적 양성을 위한 장소도 마련해 주지 못한 우리 사회가 원망스럽기도 하고 또 건전하게 어울릴 수 있는 여건을 갖추어 주기에 앞서 단속해야만 하는 우리 선도자 자신들이 민망스러울 때도 많았다.

우리 청소년들을 법으로 다루기보다 현재 유도에 걸쳐 비판을 가해야만 했기 때문이다. 우리들은 그들의 주위 여건과 환경 입장을 이해하려고 노력하고 보호 관찰 대상자 한 명의 청소년이라도 구제할 수 있기를 무척 고심했으며 심사숙고하여 그들의 관찰 일지를 작성해야만 했기에 나름대로 고충도 많았다.

청소년들은 불평불만에서 패륜 행위를 보인다고 한다. 세밀한 범행 동기와 주어진 가정환경을 종합하여 선도자 자신의 의견을 최대한 반영하여 앞으로 재범을 막고 과거의 잘못을 뉘우치면서 재생에 올바른 생활을 할 수 있도록 도와주는 것이 선도자의 할 일이었다. 주체적인 인간은 과학적으로 분석한 노력으로 사고하고 객관적으로 판단하는 합리주의 정신을 가져야만 했다.

그때 내가 느낀 것은 대부분 문제의 청소년들은 교육의 근원이 가정에 있었다고 해도 과언이 아니었다. 문제 청소년들은 80-90%가 가정환경에 문제가 있었으며 한 가정의 결손 아버지 술주정에 끝내 한 청년을 바깥으로 내몰리게 하였고 나아가서는 문제를 일으키게 만들어 무척 마음 아픈 사실에 어찌 할 바를 몰랐다.

가정은 훈육의 도장이며 부모는 가정의 수호자로서 자녀 양육에 좋은 교사로 본보기를 보여 주어야 함을 나는 그 때 그 청소년을 보면서 느꼈다.

먼저 문제가 발생하기 전 선도가 있어야만 하겠지만 모든 문제점은 청소년 자신들의 상황 판단을 예리하게 파악하여 올바른 길을 선택하는 것이 급선무였으나 그들은 그렇지 못하였다. 그 때 내가 담당한 청소년들 중 한 명이 절도와 강간죄로 고등학교 2학년에 퇴학을 하고 소년원을 거쳐 앞으로 2년간 우리 선도자의 지대한 관심과 노력에 의해 선도해야 하고 관찰 기록 역시 매우 신중해야만 했다.

또 한 명의 청소년은 약물 중독에 폭력죄로 같은 처지를 거쳐 여기까지 온 상태였다. 한 달에 한 번씩 그들을 만나서 심층취재하고 상담에 응해주며 그들이 이 사회에 무엇을 원하고 있는가 또 사회의 한 일원으로서 앞으로 살아갈 진로 문제이며 끊임없이 선도에 노력을 기울인 결과 다행히 그들은 한때 방황하고 잘못 빗나간 것을 뉘우치며 새 삶을 살아가게 되었음에 나는 더 힘찬 격려로 그들을 지켜보며 박수를 보냈다.

얼마 전 가정불화 분풀이로 아파트 승강기 안에서 여중생을 살해한 15세 최모군, 그는 피해자와는 아무 상관도 없었으며, 다만 자기 자신의 환경에 관해서 왜 우리 어머님만 고통 속에서 살아야 하나, 다른 어머니들은 다 행복한데라고 생각했다. 평소에 술만 드시면 어머니와 누나를 괴롭히는 흉포한 아버지에 대한 불만 그리고 어머니는 목욕탕 때밀이까지 하며 고생하시는데 아버지는 바람을 피우고 어머님께 욕실까지 퍼붓는 아버지에 대한 불만이 모름지기 원인 제공으로 볼 수밖에 없었던 그 충동적인 끔찍한 범행을 저지른 것이다.

이 사건 역시 개인의 범죄라기보다 빗나간 사회 현상에 대한 사회적인 범죄로 볼 수밖에 없었다. 욕구 불만을 즉흥적으로 해소해야 직성이 풀리는 신세대의 세태와 급속도로 확산되고 있는 디지털 문화도 한 원인의 작용으로 볼 수 있다. 자기중심적으로 자라난 요즈음 청소년들의 경우 인내란 조금도 없고 또 자신의 욕구나 만족에 대한 장애가 발생할 경우 어떤 식으로든 이를 즉각적으로 벗어나려는 충동을 느끼게 된다는 청소년 심리 분석자들의 지적도 있었다. 청소년들의 범죄를 꾸짖기 전에 우리 사회는 우선 상처 입은 청소년들을 치유하는 스트레스를 건전하게 풀 수 있는 여건을 마련해 주어야만 한다고 생각한다. 요즈음 청소년을 위한 문화공간으로 종로 국일관 프라자에 청소년 원스톱 놀이 공원이 생겼고 또 소년원(경기도 의왕시)도 실업 고교로 명칭을 바꾸어 소년 학교로 보다 좋은 프로그램으로 종합 정보처리 교육센터로 운영된다니 참 좋은 현상이다. 청소년을 위한 각종 축제도 이루어지고 있는 추세이다. 명동 유네스코에 청소년 문화교류센터가 있어 국제 교류, 문화 활동, 소모임의 각종 프로그램들이 정보 제공하는 인터넷 카페도 시설된다고 한다. 이런 시설이 더 많이 생겨나 지방 어디에서도 청소년들이 쉽게 출입할 수 있는 미래가 속히 왔으면 좋겠다. 그리고 우리 어른들은 자식에게 한 가지 재주와 기술을 가르쳐 교육의 유산을 남겨 주어야만 할 것 같다.

청소년들이여!

이성의 선봉자가 되어 올바른 도리에 사물을 판단하여 테크노파크(최첨단 기술) 시대에 현명하게 살아가길 바란다. 한번 지나간 시간은 다시 돌아오지 않으며 한번 흘러간 물도 마찬가지이다. 현실에 최선을 다하는 삶이되기를 바라고 싶다.

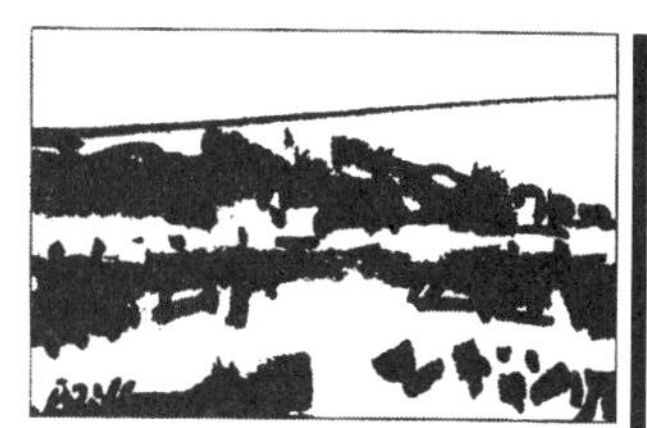

5 길손

화사했던 봄날이 가고 어느새 온통 짙은 녹색 채색에 간간이 바람결에 실려 오는 밤꽃(밤느정이) 냄새! 모내기가 막바지에 이르게 될 때쯤이면 산에는 밤꽃이 피기 시작한다. 꽃 향은 마치 성(性) 호르몬냄새와 흡사하여 예로부터 지아비를 떠나보낸 홀로 된 성숙한 여인이 이 때쯤이면 아릿한 밤꽃 냄새에 견딜 수 없는 본능적 욕구에 곧잘 바깥세상으로 뛰쳐나가 방황하며 자기 허벅지를 꼬집고 비틀어 가며 참고 인내로 살았다는 후문도 있다.

숲 속 장활한 낙원에서 새들의 앙칼진 소리가 들려오고 동물에겐 한갓 종족보존에 자연 섭리인지 모르지만 만물 영장 인간에겐 성자체가 얼마나 신비한 아름다움인가. 그 황홀한 아름다움을 충족시키지 못하여 급기야 화산처럼 폭파하여 뛰쳐나가야만 한 그 심정을 아마 경험해 보지 못한 이들은 감히 누가 이해할 수 있으랴. 화산이 터지기 전 그 이글거림 같은 젊음의 욕망을…….

몇 년 전 나는 울진에 있는 어느 작은 산사에 다녀 온 적이 있었다. 우리나라 어느 산사나 다 비슷하겠지만 그 산사 역시 조용한 경내에는 세심한 보살님의 손길로 잘 정돈된 뜰 안이며 화단과 남새밭 어느 것 하나 정겹지 않은 것이 없고 그윽한 분위기도 고스란히 간직하고 있었다.

종교의 배타성을 떠나서 인간만이 느낄 수 있는 따사로운 감정을 산사에서도 금세 친숙해 질 수 있는 인심이 향기롭다. 고요한 경내 뜰에 앉으니 오래 전에 돌아가신 친정어머님 생각이 주마등처럼 스쳤다.

부처님과 불경에 관해 심신이 대단하셨던 내 어머님도 불자로써 평생을 자식들 잘되라고 부처님 전에 두 손 모아 불공드렸으며 절에 가실 때면 늘 나를 데리고 다니셨다. 그 어머님이 돌아가시기 전 몇 년 전부터 사주에 발 벗고 나섰고 절 한 채 건립하는데 큰 몫을 하신 일등공신이셨다. 그 어머님이 돌아가신지 20년도 훨씬 넘은 음력 5월이었다. 강릉 홍제동 화장터에서 자식들 통곡소리를 들으며 막 시신 승화 불가마에 불을 붙였을 때 천장도리에 움직이는 것이 보여 자세히 보니 희귀한 새 한 마리가 부산히 움직이고 있는 것을 어머님 모시고 사시는 오라버님 눈에 먼저 띄었고, 그 화장터실내에서 선회하는 새를 큰 형부와 우리 형제들이 잡으려고 애 썼으나 이상하게시리 어머님을 보시고 사셨던 오라버님 손에만 살짝 앉았다.

새의 크기는 비둘기보다 작고 깃털은 주황색, 옥색과 흰색 배색에 참 희귀한 아름다운 새였다. 지구상에서 가장 아름다운 삼광조처럼! 그 때 사진도 찍고 그 새는 어머님 시신이 다 탈 때까지 무려 네 다섯 시간동안 그곳을 떠나지 않고 상주들 머리 위를 빙빙 돌더니 유골을 처리할 직전에서야 어머님 영친 앞을 서너 번 획획 돌고는 쏜살같이 창밖 멀리 날아가 버렸다. 내가 8세 때 아버님이 돌아가시고 어머님 홀로 자식을 기르시느라 여장부 소리 들으며 참 고생도 많으셨다. 그 어머님께서 평소 늘 하시던 말씀이 나는 죽어 새가 되어 가고 싶은 고은 어디든 훨훨 날아다니고 싶다고 하셨다.

불교의 인연설에 의하면 모든 생명은 죽어서 다시 환생한다고 하는데 우리 어머님은 불심이 지극하셔서 결국 소원대로 새(鳥)로 환생한 혼령일 것이라고 우리는 믿고 싶었다. 그때 그 화장터 관리인 말씀에 의하면 화장터가 생긴 몇 십 년 유래 이런 일이 두 번째라고 했다.

잠시 어머님 생각에 넋을 잃고 있는 동안 고즈넉한 경내에는 가사를 입은 스님이 가끔씩 소매 펄럭이며 법고를 두드리고 계셨고 또 법공양 소리도 은은히 들려왔다. 경내 뒤 곁에서도 불목하니들이 부지런히 저녁 공양 준비에 부지런히 움직이고 있었다.

그 산사에서 알게 된 현숙한 여인이 있었으니 그 여인은 절간 비구니로서 공양주 일을 돕는 삼십을 갓 넘긴 청순한 여인이었다. 우리는 짧은 만남이었으나 많은 이야기가 오가고 어느덧 심중에 있는 진언도 다 털어 놓을 수 있으리만큼 친숙해 있었다. 그녀는 20대 초반에 결혼했으나 사랑하는 남편을 먼저 저 세상으로 떠나보낸 가슴 아픈 상처를 안고 속세를 떠나 이 산사에 들어온 것이 3년째라고 하고 마음을 다스리며 부처님 자비 하에 불경 공부하려고 입산한 것이 그것마저도 뜻대로 되지 않고 무슨 팔자소간의 운명이었는지 조용한 산사 생활에 커다란 변화가 있었으니 그것은 자신도 모르게 노승인 수도승을 흠모하게 되었다는 솔직한 심중의 말까지 스스럼없이 내게 들려주고 급기야 산사 밀회의 오랜 세월에 그 젊은 비구니는 사랑의 열병에 빠져 홑몸이 아니었으니 더 이상 절간에 머물러 있을 수 없어 지난해 해산하여 아이를 낳았다고 했다. 그녀가 그 산사를 다녀가던 날 그와 나는 어깨를 나란히 하고 물소리, 바람소리, 온갖 자연의 소리를 들으며 이런 저런 사는 얘기를 나누며 하산했다. 산길을 하산하며 흉금 없이 털어 놓으며 나에게 들려준 많은 대화들을 그에게 운명처럼 다가온 전생에 무슨 인연이고 무슨 필자였는지 진솔하게 토해 낸 그에게선 유순과 평화가 그의 몸에서 풍겨 나옴을 느낄 수 있었다.

청순하고 아름다웠던 미모의 여인이 선연한 인연으로 늘 내 뇌리 속 깊숙이 잠재해 있었다. 그 후 몇 년의 세월동안 소식이 궁금하던 차에 우연히 그 작은 산사 공양주를 만나게 되어 나는 슬며시 여인의 소식을 물었더니 그녀는 그 후 남해 어느 작은 섬에 들어가 환자들을 돌보며 봉사생활인 호스피스로 열심히 살아간다고 하였다.

그 때 낳은 아들이 벌써 대여섯 살이 되고 아이는 수도승을 어쩜 그렇게도 빼어 닮을 수 있는지 복재판이라 하셨다. 피할 수 없는 운명을 긍정적으로 받아드리고 부처님 자비 속에서 대자대비의 정신으로 살아간다고 덧붙이셨다.

마음이 깊을수록 아름답고, 사랑은 은근할수록 묘미가 있듯 그녀가 그랬다. 하산 길 까투리 한 마리가 숲속에서 푸드득 홰를 치며 날아간 그곳에도 밤꽃이 지금처럼 풍성하게 피어 있었다.

6 손자 자랑

평균 연령이 비교적 높은 학교에서 그것도 쉰이 넘는 여교사로만 구성된(여자 교감도 포함) 모임이 있었다. 10번 가까이 모임을 지속하다보니 해가 거듭될수록 퇴직률이 늘어 지금은 한 두 명만 현직에 남아있고 거의 퇴직을 했다. 세월이 한두 해 흐르다 보니 지금은 대부분 손자 손녀를 둔 할머니 퇴직교사가 되어 있고 만나면 손자 손녀들이 마치 당신들의 삶의 희망이요 보람이나 되듯 저마다 손주 자랑들이 자연스럽게 나오고, 자랑하는 그 얼굴들은 무척 행복해하는 모습들을 볼 수 있다.

몇 년 전 만 해도 우리 새싹회 여교사 모임 중 손자 손녀를 두지 않은 교사들이 대부분이다 보니 그 할머니 된 심정을 이해하지 못해 손녀 자랑만 나오면 이제부터 손자 손녀 자랑하실 분은 기금을 내 놓으시고 마음껏 자랑하시라는 제안이 나오기까지 했다.

그때 선뜻 일금 삼만 원을 내놓으시면서 그래도 손녀 자랑은 해야겠다고 하시며 입에 침이 마르도록 자랑하시는 선배 김선생님을 보면서 나는 잠시 생존에 계시지 않는 나의 언니를 생각했다. 생전에 언니 말씀이 이웃에 첫 손자를 본 친구가 있었는데 그 친구는 손자 녀석이 얼마나 예쁘고 좋은지 매일 안고 나와 자랑도 모자라

금지옥엽 빰을 깨물고 뽀뽀하며 귀엽고 사랑스러워 어쩔 즐 몰라 하는 혈육의 정 때문에 누이면 하늘이 무너질세라 엎어지면 땅이 꺼질세라 세상에서 혼자 손자를 얻은 양 애지중지 유난 떠는 것을 보면서 손자가 저렇게도 좋을까? 비아냥거리며 나는 절대 안 그럴 거야 하고 자신 있게 말했던 것이 후일 내가(언니) 막상 첫 손자를 얻고 보니 그 유난 떨던 친구보다 한 수 위가 되더란 말씀이 생각났다.

자식은 내리 사랑이라고 했다. 이 세상 모든 조모들이 공통된 인지상정의 말씀이시다. 내 자식 키울 때보다 손자 녀석이 몇 십 배 더 귀엽고 사랑스럽다며, 나이를 먹었다는 징조인지 모르지만 어언 이 나이가 된 나 역시 부인할 수 없게 되어버렸다.

신록 우거진 오후 어느 날 손자 녀석과 함께 산딸기를 따기 위해 무성한 잡초를 해치며 가시덤불 주저리주저리 뒤엉킨 숲으로 들어갔다. 울창한 숲속 딸기 무더기엔 적기에 찾아간 탓인지 산딸기가 빠알갛게 익어 주렁주렁 달려있었다. 온 지천에 탐스럽게 열려 있어 감탄을 연발하며 부지런히 따기 바빴고 멀리선 뻐꾹새가 우짖었다.

일상에 걱정 근심 다 까마득히 잊은 채 너무나 행복한 순간이고 손자 녀석도 자그만 손을 부지런히 움직인 덕분에 바구니 가득 찼다. 이것으로 딸기주를 담아 내 집을 찾는 귀한 분들과 한잔씩 나누며 입 안 가득 향 느끼며 정겨운 이야기꽃을 피울 생각을 하니 벌써부터 행복한 만남에 미소롭기만 하다.

오랜만에 만난 손자 녀석과 도란도란 속삭이는 즐거운 순간순간이기도 했다. 녀석은 어려서부터 이곳 바람, 구름, 새, 나무, 들꽃 등 온갖 아름다운 자연에서 뛰고 구르면서 잔뼈가 굵은 탓인지 자연을 접하는 눈썰미와 감정 표현이 예사롭지 않고 창의적이다. 다섯 살 때부터 곧잘 즉흥적인 느낌을 잘 표현했다. 뜰 안에 앉았다가도 갑자기 시상이 떠오른다며 급히 공책과 연필을 들고 나와 글로 표현하기도 했다.

잠자리가 노팔랑 노팔랑 난다
이파리의 물방울 또르르 굴고……

표현을 연과 행은 나중 문제이고 아무튼 녀석은 보고 느낌이 또래에 비해 좀 남달랐다. 시인 최정선 선생님께서 내 처소에 방문했을 때 손자의 동시 묶음을 보여드렸더니 칭찬을 아끼지 않았으며 "너는 오늘부터 꼬마 시인이야. 계속 열심히 동시를 써라"라고 격려 해 주었다고 초등학교 교사(지금은 교감) 최선생은 동시 쓰기 6개월 지도한 우리 반(1학년) 아이들보다 월등이 사고와 표현력이 좋다는 과찬도 해주며, 손자의 동시 한편을 골랐다(6세때 동시).

돌

돌 속에 길이 있다
그것은 바로 무늬
무늬는 길이다
돌은 무늬다

마침 수석을 채집한 동굴 납작한 하나의 돌에 손자 녀석의 동시를 싸인 펜으로 적어 배낭에 넣고 상경했다. 여행길에 소나기를 만나 배낭이 흠뻑 젖어 돌에 쓴 글씨가 형체를 알 수 없이 번져 버렸기에 반 아이들에게 읽어주지 못 했다는 얘기를 후일에 들었다.

녀석은 키우기가 수월했다. 어릴 적부터 칭얼대고 우는 법도 없고 또 고집스레 뭐 해 달라고 떼쓰지도 않고 지청구는 더더욱 없었다.

그 손자가 어느덧 초등학교 4학년이 되었고 학교 신문에 녀석의 동시가 자주 실려나면 괜스레 기분이 좋다. 글짓기 상을 받아 올 때면 대견스럽고 자랑스러운 것을 보니 나 역시 여느 할머니들과 다름없는 노년을 닮아가고 있음을 스스로 느끼게 된다. 오늘은 손자 녀석이 학교 대표로 강릉시내 글짓기 대회에 출전했으니 좋은 결과를 기대해 본다.

7 성묘

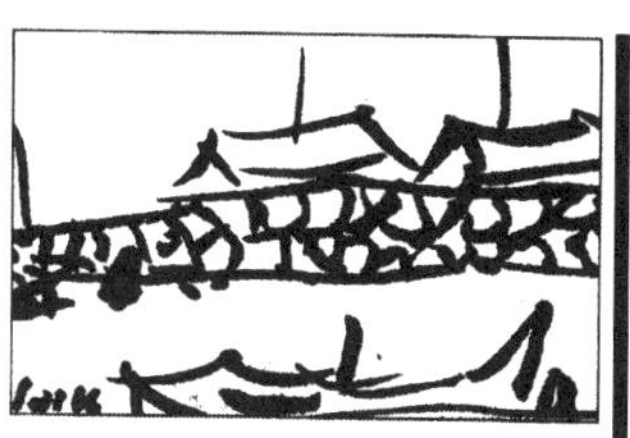

추고마비(秋高馬肥)의 계절이다. 대풍년을 예상하였던 농민들이 희망을 깡그리 앗아간 태풍! 여름 내내 피땀 흘려 지은 농사를 휩쓸었다. 머지않아 황금물결을 이룰 들판 벼들이 맥없이 쓰러지고 알알이 영글은 탐스런 과일도 모두 땅 바닥에 즐비하게 낙하한 모습 또한 안타깝기만 하다.

올해는 예년에 비해 추석이 20일이나 빨라 과육도 제 맛을 내지 못한 것을 차례 상에 올려야만 하고 가격 또한 만만치 않다. 추석 전주(前週) 일요일, 경기고, 고양, 의정부, 구리, 기흥 나들목 백현에서는 조상의 산소를 찾는 행렬들로 도로는 마치 주차장을 방불케 한 텔레비전 뉴스를 보면서 아득한 옛날을 생각게 했다.

1980년도 초반 만해도 우리 집에는 자가용이 없었다. 망우리 밖 금곡 사능에 있는 영락묘지에 시부모님을 모신 곳 그 묘지에 가기 위해서는 자동차를 서너 번 갈아타고 아이들과 산소에 다닐 때였다.

금곡에서 사능까지 먼지 풀풀 풍기는 시골길을 걷노라면 맑은 가을 하늘과 길 양쪽에 코스모스가 너울거렸고 억새꽃 하얗게 핀 길을 걸어 하루가 꼬박 걸려 다녀오곤 했다. 지금은 산소 앞까지

도로 사정이 좋아 천양지판이자만 아무튼 그땐 자연과 어우러져 들국화 향기 소슬바람에 홍취 해 생시에 부모님 모습을 떠 올리며 마냥 걸었던 그 때가 세월이 흐른 지금, 추억 속에 살아온 그날이 그립기만하다.

성묘! 참 아름다운 미풍양속이다. 예로부터 우리 전통 사상 특히 효심을 고취시켜온 좋은 풍습으로 자손들이 산소에 찾아가 수북히 자란 잡초를 깎고 봉분을 잘 다듬어 조상을 숭배하는 경건한 마음으로 조상의 얼을 돼 새기는 좋은 풍습이다.

그러나 바쁘게 살아가는 요즈음 현대인을 위해 벌초를 대행해 주는 곳이 있어 많은 사람들이 이용하고 있다고 한다. 벌초의 진정한 의미를 왜곡하는 처사라 생각해 보지만 먼 곳에 산소가 있어 오가는 많은 시간과 비용을 비례해 본다면 오히려 고마워해야 할 일이기도 하다.

개중엔 남용하는 사람들이 늘어난다는 사실에 가슴 아픈 일이기도 하지만 그럴 바에야 차라리 화장을 선호했으면 하는 생각도 든다. 매장에 따른 국토 훼손이 심각하고 좁은 우리나라의 실정에 굳이 매장을 고집하는 것도 문제가 된다고 생각하며 후손으로 내려갈수록 자손이 전혀 찾지 않는 묘지만도 전국에 엄청난 면적이라고 하니 한정된 국토와 나라의 먼 장래를 내다본다면 죽어서까지 땅을 차지하고 누워 있으니 차라리 납골을 하는 것이 현명한 처사가 아닐까. 1980년대의 옛일이긴 하지만 나 또한 영락동산(영락교회 재단)에 가기 위해 몇 번씩 차를 갈아타고 다녀도 보았고 때로는 금곡에서 한식날과 추석 때만 산소까지 트럭을 운행 해 그 트럭 뒷바닥에 쭈그리고 앉아 구불구불 비포장 산길을 흔들리며 오갔을 때 우리 아이들에게 훗날 내가 죽은 후에 닥칠 일을 분명히 밝힌

적이 있었다. 너희들 이 고생하지 말고 이 어미는 화장해 달라고 말이다.

아이들이 너무 어렸을 때라 기억할지 모르겠지만 그렇게 해 주기를 지금도 바라고 싶다. 언젠가는 맞이해야 할 종말을 늘 준비하는 자세로 살고 싶다. 평소에 내가 늘 꿈꾸었던 낙원은 소박할뿐더러 지극히 단순한 곳 산골의 도랑물은 인간의 지친 영혼을 촉촉이 적셔주는 샘 같은 곳, 그런 자연 속에 내 한 줌의 유골로 훌훌 뿌려주길 원한다.

8 화합

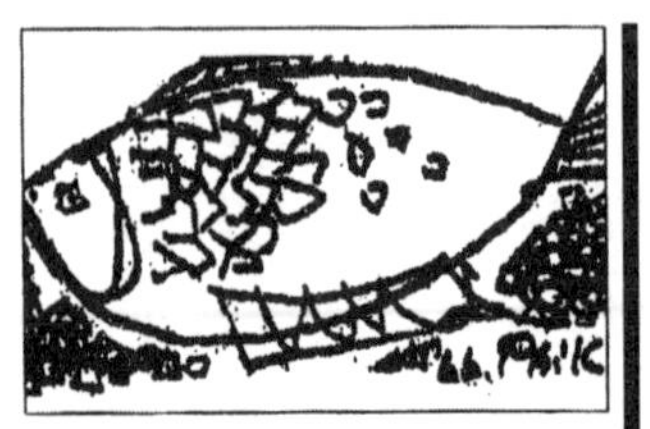

'밀알 선교단'이란 장애인 모임에서 소풍을 간다기에 함께 참석할 기회가 있었다.

신록의 향연이 장활하게 벌어진 고궁 뜰에 이미 많은 상춘객들이 와 있었고 약속 장소에 '밀알 선교단'이라고 쓴 플레카드 주변에는 휠체어 탄 사람들이 수십 명 눈에 띄었다.

태어나면서부터 한 번도 땅 딛고 일어서 보지 못한 사람 성장이 멈춰 대여섯 살 정도로 보이는 청년, 시각장애, 청각장애, 언어장애, 정신박약… 휠체어에 앉을 수 있는 것만으로 큰 축복인데 그럴 수 없어서 특수 제작한 카에 누운 채로 이동해 온 자, 이루 헤아릴 수 없는 여러 종류의 장애인이 많았다.

장애인과 비장애인(보호자와 봉사자) 함께 자리한 공동체가 한곳에 모여 그날의 일정을 들은 후 조별로 편성되어 자리를 옮기고 본부석에서 나눠 준 도시락과 기타 음식을 배당 받아왔다. 함께한 봉사자들이 열심히 음식을 나눠 드렸지만 장애자들은 나름대로 서로가 서로를 도와주는 삶의 지혜를 가지고 있었고, 그 속에 심성착한 것은 말할 것도 없고 청순한 인간미 또한 너무 아름다워 나를 감동케 하였다. 개중에는 겨우 휠체어에 앉을 수 있으나 손을 쓸 수 없어 음식을 먹여 줘야 하고 또 누운 사람은 누운 채로 그들의 손이 돼 주는 봉사자들의 손길손길에 진정한 사랑이 있었다. 한 끼 식사 시간이 한 두 시간 정도 걸려도 싫은 내식 없이 평안한 모습으로 한술한술 먹여지는 천사 같은 사람이 있기에 더할 나위 없이 아름답고 행복한 동참이었다.

곁에는 학생들이 야외 학습 나와 그림을 그리고 원고지에 각자의 느낌을 열심히 글로 표현하고 있었다. 몸에 아무런 불편함이 없는 그들의 행동과 자유롭게 행동하기 힘든 장애자들과는 너무 대조적인 모습을 보여 나는 많은 것을 느끼게 되었다.

얼마 후 학생들이 머물고 간 자리는 지저분하기 짝이 없었다. 식사가 끝난 자리에 음식찌꺼기, 휴지, 비닐, 구겨진 원고지들이 흩어져 있는 걸 어느 장애인이 솔선하여 줍는 것을 보고 휠체어에 앉은 사람도, 몸을 흐느적대는 사람도, 절뚝거리는 사람도 덩달아 주우려고 애쓰고 있는데, 온전한 육체를 가진 청소년들이 이런 부끄러운 흔적을 남긴 비양심과 바르지 못한 정신을 가지고 있는 것 같아 안타까웠다.

이 나라 교육이 잘못 돼도 한참 잘못된 현실에 비해 비록 몸은 자유롭지 못하나 건전한 정신으로 서로 도우며 더불어 살아가는 장애인들 모습이 훨씬 아름다웠다.

'아름다운 사람은 머문 자리도 아름답다'는데…

몇 사람의 그릇된 행동이 많은 사람들에게 폐를 끼치게 되었으니 쉽게 넘겨야 할 것이 아니라고 생각해 마음이 불편해 무척 신경 쓰였다.

연한 숲 내음을 깊이 들이마시며 감정을 순화시키려고 애쓰며 나무에서 나오는 향기와 잎에서 나오는 물질이 마음을 안정시킨다기에 심호흡으로 낯 뜨거움을 참고 주변을 말끔히 치우는 손길에 하늘에선 찬란한 태양이 땅에서는 아름다운 꽃과 새들이 환하게 웃으며 기뻐해 주고 있었다. 선한 성품이 바탕이 되어 열심히 살아가는 마음가짐들이 너무 아름다워 삶이란 이렇게 사는 것이라 생각하니 불현 듯 오래 전에 있었던 수필 내용이 생각난다. 일찍이 태어날 때부터 보지도 듣지도 못했던 헬렌 켈러의 감동적인 글을 여기 옮겨 보려고 한다.

'봄이면 벚나무 가지를 손으로 더듬어 본다. 벚나무 등걸 속으로 흐르는 물을 나는 손끝으로 느낄 수 있습니다. 여러분들은 이 놀라운 기적을 그냥 지나쳐 버리고 맙니다. 여러분들이 하루에 한번씩 만이라도 장님이 되거나 귀머거리가 될 수 있다면 저 벚나무의 꽃과 저 나뭇가지 위를 날아다니는 새의 울음소리를 보고 들을 수 있는 사소한 기쁨이야 말로 최고의 은총임을 깨닫게 될 것입니다.

그렇다. 비장애인들도 한번쯤 입장을 바꿔 생각해 본다면 얼마나 감사하고 행복한 가를 깨닫게 될 것이다. 생각해 보면 감사한 것이 한두 가지가 아님에도 그 감사를 모르고 살아가고 있다.

먼저 오늘을 있게 해 준 내 부모님께 감사하고 아름다운 세상을 볼 수 있는 눈, 한순간도 숨을 쉬지 않으면 죽을 것만 같은 코와 입, 좋은 음식을 만들 수 있고 좋은 생각을 글로 표현할 수 있는 손, 보듬어줄 수 있는 따뜻한 가슴, 어디든지 갈 수 있는 다리, 이 많은 것들을 소유하고도 그 고마움을 모르고 살아가고 있다.

어느 것 하나 감사, 또 감사하지 않은 것 없다. 오늘 이 순간이 있음에 감사하고 부모에 감사, 가족에 감사, 부부가 오래 함께 함에 감사, 건강, 자식, 친구, 이웃, 이런 헤아릴 수 없이 많은 존재의 가치를 모르고 살아있다면 이 시간 이후에라도 주어진 모든 것에 감사하며 살아가자. 던진 돌에 개구리가 맞아 죽는 것처럼 깊이 생각지 않고 내뱉어 상대방에게 상처 주는 말도 함부로 하지 말며 남의 말에 듣기는 속히 하고, 말하기는 더디하며 성내기도 더디 하고 그저 긍정적으로 그러려니 하고 살아야겠다는 각오 또한 나이 들어 터득한 깨달음이라고 할까.

벤치에 앉아 몸도 마음도 편안한 휴식을 취한 후 오후 장기자랑 시간을 가지게 되었다. 그 때 온 몸을 흐느적거리며 용기 있게 첫 번째로 나오는 사람을 우리는 함께 박수로 환영했다. 정확한 발음이 아닌 어둔한 발음으로 노래 부르고 춤도 추기 시작, 그곳에 기타, 아코디언도 등장하고 카세트에 흘러나오는 음악에 맞춰 장애, 비 장애 할 것 없이 모두가 어우러져 세상에서 가장 아름다운 숲 속 무도회가 열리고 있었다. 어느 장애자가 그랬다. 우리들이 세상에 나가면 마치 모든 게 다른 사람인 듯 보거나 한 없이 불쌍한 눈으로 보는 것이 싫다고 했다.

그저 똑 같은 사회 일원으로 봐주었으면 좋겠다고 했다. 세상은 많이 좋아졌지만 옛날만 해도 집안에 장애자가 있으면 가족들은 감추기에 급급했다고 한다.

장애를 갖고 싶어서 가진 자는 세상에 아무도 없는데 불구하고 말이다.

이들도 얼마든지 세상을 밝게 함께 살아갈 권리가 있고 오히려 이들이 더 세상을 빛내는 예도 많은데, 멀쩡한 육신으로 온갖 비리(非理) 다 저지르며 인간 말 종 같은 행동으로 살아가는 철면피 같은 사람들을 이 사회는 원치 않는다. 아무튼 선천적인 장애도 많지만 요즈음은 각종 사고로 인한 후천적인 장애도 많다. 온갖 재주로 무대는 이어지고 이번에는 40대 초반의 중년이 목발을 짚고 나와 노래를 부르기 시작했다. 노랫말을 가만히 들어보니

"사랑했던 사람은 내 곁을 멀리 떠나고
가슴 아픈 상처 안고 살아온 긴 세월"

선율이 잔잔히 사람들의 심금(心琴)을 끌어당기는 가운데 절절한 감정표현의 연가(戀歌)는 추억을 회상하며 온 몸으로 열창하고 있었다. 사회자가 노래 사연을 넌지시 물었으나 그는 "그런 것 없다"고 짧게 대답하고 쓸쓸히 자리로 돌아갔다.

분명히 말 못할 아픈 사연이 있을 것으로 추측하고 그 애절한 애가(哀歌)의 여운은 길게 퍼져만 갔다.

9 행운

가벼운 재킷을 걸치고 산책길에 나섰다.

어제 재린 비로 하늘이 맑고 나뭇잎도 싱그럽다. 둑방 가득 아카시아 꽃 만발하고 새소리까지 들려오니 마치 깊은 산 속에 와 있는 느낌이다. 도심 속에서 이런 아름다운 자연을 접할 수 있어 나는 자주 이 길을 걸으며 사색한다.

양재천 둔치!

강가를 지날 때 내 인기척을 듣고 두루미 한 마리가 갑자기 하늘높이 푸드득 날아가고 잔잔한 물 위에는 예쁜 오리새끼들이 어미 따라 물 위를 미끄러지듯 빠르게 헤엄쳐 달아나고 있었다. 너무나 평화롭고 행복한 모습에 나는 눈을 뗄 수 없었다.

어미는 본능으로 새끼를 보호하고 그 새끼들은 자연에 순응하며 어미 뒤를 뒤 쫓고 있었다.

수초가 자라는 곳에 창포와 부들이 자라서 가냘프게 흔들리고 강 상류로 거슬러 올라가는 수많은 잉어 떼가 장관이다. 한 곁에는 요란한 물장구 소리가 들려와 가까이 가 보니 거기에도 커다란 잉어들이 활발하게 요동치고 있었다. 암컷은 수정을 위해 몸부림치고 수컷은 방정 하는 자연법칙이 활발하게 벌어지고 있었다. 토요일 오후 산책 나온 많은 사람들이 한 곳으로 몰려와 모두 넋 잃고 그 모습에 시선을 떼지 못하고 있었다. 오늘은 매기도 보고 참게도 눈에 띄었다. 그리고 풀밭에는 네잎 클로버까지 눈에 띄었으니 얼른 앉아서 그것을 뜯고 주위를 살펴보니 또 6잎 클로버가 눈에 띄었다. 평소에도 가끔 이 풀밭에서 네 잎을 찾으려고 무척 애썼으나 흔치 않아 눈에 잘 뜨지 않았는데 오늘은 웬 횡재! 책갈피에 잘 말려서 사랑하는 사람들에게 나눠 주면 얼마나 행복해 할까? 아니면 코팅을 해 열쇠고리나 휴대전화 고리용으로 이웃에게 나눠주고도 싶다. 생각만 하여도 행복하다. 오늘은 평소에 흔히 볼 수 없었던 많은 광경들, 순간순간들이 내 눈에 들어왔으니 역시 오늘은 행운의 날임에 틀림없다. 강 건너 천방에 얼마 전만해도 조팝꽃과 찔레꽃이 하얗게 피어 있었는데 어느새 다 지고 애기똥풀만이 노랗게 피어 물들어 있다.

모두가 여유로운 풍경이 아닌가?

10 그 집에 가고싶다

늘 마음속에 동경해온 그 집에 가고 싶다.

따사로운 봄볕에 날씨까지 청명해 우리 부부는 전에 살던 곳 그 집에 갔다.

태풍 '루사'가 휩쓸고 간 그 엄청난 재난! 그 여파로 지형이 변해버리고 냇가의 폭도 더 넓어졌으나 강바닥에 수십 년 아니 수백 년 꽁꽁 묻혀있던 화강암이 여기저기 제 모습을 드러내 보였고 수정 같은 맑은 물과 잘 어우러져 수려함을 자랑하고 있었다. 괴암괴석들을 보고 나는 그랬다. 금강산 못지않은 정도의 절경에 구태여 먼 곳까지 가지 않아도 좋겠다고 감탄했다. 훼손되어 무너진 뚝은 다시 깨끗하게 단장되어 있었고 산비탈 나뭇가지에는 새잎이 트고 자연의 법칙은 올해도 어김없이 약속을 지켜 노란 개나리와 진달래도 화사하게 우리를 환영이라도 하듯 방실방실 웃고 있었다.

마을 입구에는 우리가 이 마을에 정착 했을 때 마을 이름을 써놨던 입간판이 지금도 그대로 세워진 채 낯익은 글씨가 눈에 들어오고 건너편 산자락에는 지금도 불도저가 시끄러운 기계소리를 내며 산을 깎아 축대를 쌓고 있었다.

문명의 소리라곤 들리지 않은 오직 자연의 소리만 들을 수 있는 곳인데 산사태를 막기 위해 축대도 물론 중요하지만 아름다운 자연을 그대로 유지하지 못함이 늘 가슴 아프다. 산을 깎아 아파트가 들어서고 골프장이 들어서기 위해 아름드리 몇 십 년 키운 나무와 숲이 없어지는 것을 보면 너무 안타깝다. 노송 우거진 마을 진입로에 있던 작은 다리는 새로 세워졌으나 냇가 예쁜 집은 거센 물살에 휩쓸려 반이 잘려 나가고 뼈대만 덩그러니 그대로 남아 있었다. 모퉁이를 돌아 옛 우리 집이 보이는 곳까지 갔을 때 새로운 길이 생겨 뽀얀 시멘트가 펼쳐져 있었다. 우리가 살 때만 해도 도로를 내 주지 않아 윗집 아랫집이 수년 동안 알력이 심했으므로 우리는 그저 말없이 그 자드락길을 오르내렸었는데 세월이 흐른 지금은 기존의 지름길 다 놔두고 경사가 심한 곳으로 길이 조성돼 있어 우리는 그 길을 이용해 그 곳에 도착했다. 언덕 위 붉은 벽돌집! 감회가 깊었다. 우리가 떠난 후 두 번째 바뀐 새 주인이 삽을 들고 정원을 열심히 가꾸고 있었다.

뜰 안에 들어섰을 때 조형물이며 나무들도 그 자리 그대로 남아 반갑고 기뻤다. 얼마 만에 밟아보는 옛집 그 정원인가. 봄바람 냄새 싱그러운.

아! 몇 해만에 다시 맡아보는 이곳 자연의 냄새인가. 바람 속에 가슴 활짝 펴고 그 속에 숨은 고향 같은 향내를 마음껏 들이켰다. 우리가 이곳에 정착할 때만 해도 이 땅에서 영원히 살 것이라며 얼마나 정성들여 가꾼 터였던가. 뜰 안을 다시 둘러보았다. 야생화가 좋아 화단 가득 심었었는데 이른 봄이라 아직 꽃은 볼 수 없고 새싹만이 앞 다투어 찬란한 기를 받고 있었다. 청매, 홍매화는 표피를 뚫고 꽃 피운지 오래다. 몇 년 전 영동지방을 휩쓴 태풍을 언제 겪었냐는 듯이 말끔히 단장되고 여전히 아름다운 자연은 장활하게 벌어지고 있었다. 그 당시 발바닥까지 물이 들어왔고 뜰 안 잔디까지 황토가 덮쳐 그것을 치우는데 몇 날이 걸렸다고 했다. 유실수가 자라 꽉 찼지만 애석하게도 홍매화 옆에 이 집의 명물이라 누구에게나 자랑 할만 했던 옹달샘이 형편없이 변하여 방치되어 있었다.

아무리 가뭄이 심해도 이 샘물만은 고갈되지 않았는데, 아까운 샘물 하나가 사라져 아쉬웠다.

주인은 이 집에서 처음 맞이하는 봄이라 이것저것 모르는 유실수 이름을 물었고 그리고 동네에서 그 동안 있었던 소식들을 들려주었다. 아랫집 어르신은 뇌졸중으로 스러져 오랫동안 누워 있다가 돌아가신지 달포쯤 된다고 하고 마을 입구 첫 집 아저씨는 음주운전으로 운명을 달리했다고 했다(50대 초반).

그동안 우리 곁을 머물다 세상 떠난 사람들을 한 사람, 한 사람 헤아려보니 희미한 별빛처럼 스쳐 멀어져 가고 우리는 마을을 내려왔다. 개울 옆 빨간 양철집 내외가 밭에서 농사일을 하고 있어 멀리서 손 흔들어 인사했더니 들렀다 가라며 손짓에 다정한 목소리가 들려 왔다.

“바쁜 농사철에 시간 빼앗은 것은 아닌지요?” 하고 마당을 들어서며 말했더니 아니라고 손사래 치며 그렇잖아도 좀 쉬려는 참이었다고 하며 넉넉한 여유로움에 어느새 감이 모락모락 피어오르는 찻잔을 들고 나왔고 향긋하고 따끈한 차를 마시며 잠시 정겨움이 넘쳤다.

집 앞 채마 밭은 어쩜 그렇게도 질서정연하게 이랑이 이루어 졌는지 그야말로 농사도 예술이란 것을 느끼며 농부의 삶이 어쩌면 세상에서 인생의 본질에 가장 충실하게 만들어 갈지도 모름을 여기며 정다운 인사를 나누고 그곳을 떠나 왔다.

집 주위 앵두꽃이 만발하고 맑은 개울물 졸졸 흐르는 촌락.

역시 봄은 계절의 여왕이며 구름 또한 흘러가고 있었다.

먼저 떠난 이웃들이여.

천상병 시인처럼.

나 하늘로 돌아가리라
아름다운세상
소풍 끝나는 날
가서
아름다웠다고
말하리라.

라고 과연 그랬을까.

부 록

화가 · 글 백석일

우수(優秀)야! 우선 대상(大賞)을 축하(祝賀)한다.

잘 썼다고 대상이 되는 것은 아니다. 어떻게 잘 썼느냐가 관건이다. 7월 1일 발표 후 네 글을 보기 전까지는 도대체 어떻게 글을 썼기에 그리 큰 상을 받았을까 하고 궁금하였는데, 여기 요약한 몇 가지에서 그 해답을 찾았다.

1. 소재가 좋았다. 흔한 일이면서도 선뜻 선택하여 쓰기 어려운 소재 할아버지의 화장실 풍경을 독창적으로 씀으로 할아버지의 노쇠하여 가는 모습으로 전개했다는 것.
2. 짧은 글이지만, 과거 조손간의 삶이 몹시 힘들었다는 것, 은연중 슬픈 가정의 배경 표현 등.
3. 할아버지와 끈끈한 관계 표현.
4. "당신은 섬을 좋아하십니다."에선 신선함을 느끼게 하며, 또한 "섬"을 조손으로 표현한 것도 좋았어. 둘이서의 술좌석 풍경도 좋았고, 특히 대화의 모습은 슬프기도 하고 정겨운 모습으로 다가왔다.
5. 또한 취기에 젖은 모습을 "불콰"하다라는 표현을 아주 문학적으로, 다른 이들이 잘 쓰지 않은 단어 매우 좋았다.
6. 총체적으로 "A4" 3장의 분량이지만, 거기엔 많은 이야기가 담겨져 있었으며 허식된 글이 없고 글에는 깊이가 있고, 격하지 않으면서 눈시울을 적시게 하는 힘도 보였다.

한 두어 군데 조금 고칠 곳도 있긴 하지만 …
한마디로 우수는 처음에서 끝까지 다른 사람과의 글과는 다르다는 걸 알았다.

우선 할아버지의 편지글과 비교해 봐도 나는 보편적 글이나, "우수"는 다르다는 걸 알았다.

앞으론 더욱 개성을 살려라. 특히 예술의 세계에서는 더욱 개성이 필요한 것이다.

우수! 다시 한 번 축하한다.

아무나 최고가 되는 게 아니다. 그래서 더욱 값지구나!

이제부턴 "착한 우리 우수" 보단 한 단계 더 올려 "훌륭한 우리 우수"하고 불러야겠구나.

이젠 그만 쓰마. 지금쯤 잘 자고 있겠지….

- 2011. 7. 5. 새벽 4시 3분
할아버지가 사랑하는 우수에게

사랑하는 우수야!

네가 이제 초등학교 1학년인데, 우리 집은 시골이고, 또 네가 다니는 학교가 멀다보니 이 할아버지로서는 때론 미안한 생각이 든단다. 지금 막 너를 학교까지 등교시키고 돌아와 한 숨 돌리려고 정원에 나와 앉아 있으니 문득 다시 네 생각이 나서 이 편지를 쓴단다. 백로가 엊그제 지났기 때문에 이젠 제법 시원한 가을 날씨련만, 예년 없이 늦더위가 기승을 부리고 있어 계절이 마치 방향 감각을 잃은 듯하구나!.

사랑하는 우수야!

네가 태어났을 때 네 이름은 할아버지와 할머니가 의논해서 우수라고 지었지. 네가 태어난 날이 1992년 2월 19일인데 그 날이 바로 대동강 얼음도 녹는다는 우수 날이었단다. 그 우수에 다가 한문의 뜻을 넣어 넉넉할 "우" 빼어날 "수" 해서 백우수라 하였지. 얼마나 의미가 있고 멋있는 이름이냐?

사랑하는 우수야!

그렇게 멋있는 배경으로 지어진 이름 "우수" 너는 항상 그 점을 잊지 말고 이름을 욕되게 하지 말고 우수한 사람이 되길 할아버지는 간곡히 부탁하며 기억하길 바란다.

이 할아버지가 네 부모가 있는 서울에 보내지 않고 이 강원도 시골에서 할아버지와 살고 이곳 학교에 보내는 이유는 깨끗한 자연에서 살기를 바라고 너를 사랑하는 마음에서란다. 이제는 어린

너도 그 점을 아는지 “왜 사람들은 서울에서 사는 것을 좋아 할까? 시골이 이렇게 좋은데.….” 하는 말을 했을 때 내 사랑하는 우수도 퍽이나 자연을 사랑한다는 것을 알고 이 할아버지는 기뻤다.

우수야! 자연을 사랑한다는 것은 정신과 마음이 깨끗하다는 뜻이며, 정신과 마음이 깨끗하다는 것은 훌륭한 사람이 되는 게 될 것이며, 나라를 사랑하고, 이웃을 사랑하고 또 가족을 사랑할 줄 아는 그런 사람이 아니겠니?

지금은 말이다 그래서인지 너는 할아버지가 놀랄만큼 가끔 기특한 말을 할 때는 과연 자연은 우리 우수에게 깨끗한 것만 가르쳐 주고 있구나 하고 생각했지.

어느 날 너와 이 할아버지가 하교하는 차안에서 할아버지가 물었지 “오늘 잘 한 일과 못한 일을 한가지씩만 이야기하여 보아라” 하였더니 너는 길에 떨어져 있는 휴지를 주어서 갔더니 어떤 아주머니가 “아주 착하구나” 하면서 머리를 쓰다듬어 주었다고 하였던 일 또 어느 날 네가 어찌나 더웠던지 땀이 송글송글 맺힌 너의 모습을 보고 이 할아버지는 애처러워 삼백 원을 주면서 시원한 것 사먹으라고 했더니, 너는 가게에 다녀와서 “하드”를 한 쪽 손에 들고 또 다른 한 쪽 손으로 백 원을 남겨 왔구나. 그래서 삼백 원짜리를 사지 그랬니? 했더니 너는 “할아버지 IMF 시대에 어려울 때 더 절약해야죠?” 또 언젠가는 장난감을 하나 사주려고 가게에 갔을 때도 너는 할아버지 돈 걱정을 덜어드린다고 싼 것만 찾고 있었지 할아버지는 그 순간 우리 손자 우수가 그렇게 기특하며 대견할 수가 없었구나. 아니 이것들 말고도 너는 기특하고 착하고 귀여운 일들을 해서 이 할아버지를 감탄케 하고 기쁘게도 하고 때론 어른인 이 할아버지가 부끄러워야 했구나!

우수야! 이런 정신과 마음은 어른이 될 때 까지도 변함이 없었으면 좋겠다. 우수야! 이 할아버지가 사랑하는 우수에게 훌륭한 사람이 되어 달라고 한 말을 잊지 않았으면 한다.

그 모든 말을 간단하게 해서 우리 우수에게 알려주는 가훈이 있다는 걸 알지? 할아버지가 너에게 "우리 집 가훈이 뭐지?" 하면 너는 "열심히 그리고 멋있게" 라고 힘차게 대답하는 모습을 보면서 이 할아버지는 기쁨을 느낀단다.

사랑하는 우수야! 이제 겨우 초등학교 1학년인 네가 쓴 동시를 읽어보면서

꽃동산 1998년 2월 옥계초등학교 1학년 백우수

꽃동산에 꽃들이
즐겁게 웃지요
장미꽃도
분꽃도 즐겁게 웃지요
장미를 심어도
큰 장미 되고
분꽃을 심어도
큰 분꽃 되고
우리는 자라서 무엇이 될까
우리는 자라서 큰 사람 되지요

잠자리

잠자리가 팔랑 팔랑

날개 짓을 하며
춤을 춥니다
잠자리가 노팔랑 노팔랑
춤을 춥니다

돌

돌 속에 길이 있다
그것은 바로 무늬
무늬는 길이다
돌은 무늬다

우수는 이 할아버지가 나이가 될 때까지 아니 인생이 끝나는 그 날까지도 지금처럼 순수하고 깨끗하게 살기를 바란다.

사랑하는 손자 우수야!

이 편지는 할아버지가 너에게 주는 사랑의 메세지로 영원히 간직하길 바란다.

우수야! 이젠 조금 전보다 바람이 좀 불어 시원하구나.

우수야! 오늘도 일기 잘 썼다고 담임선생님한테 칭찬 듣길 바란다. 그럼 학교 하교 시간에 만나자! 우수 사랑해요.

- 1998년 9월 15일
우수를 사랑하는 할아버지가

할아버지가 우수에게

사랑하는 우수에게

오늘이 10월 2일이니 또 하루가 지났구나. 지금은 새벽 3시란다. 그렇지 않아도 조용한 이곳은 한 밤중이니 얼마나 조용한지 어떻게 설명하여야 할지 모르겠구나.

그런데 우수는 어제 하루를 어떻게 보냈는지 매우 궁금하단다. 재미있고 그리고 보람 있는 하루를 보냈으리라 생각한다. 어제 10월 1일은 우수가 다니던 옥계초등학교의 운동회 날이었구나. 우수가 이 학교에 다닐 때에도 운동회를 갔었지. 할아버지는 그때 그날을 회상하면서 가슴 설레이는 마음으로 운동장으로 가고 있었지. 학교도 그때 그대로였고 아이들의 운동회 모습 모두 다 그대로였지만 우수는 보이지 아니하고 비슷한 아이들만 뛰어 놀고 있었지. 운동장에 사람들을 보니 다들 아들, 딸이거나 손자 손녀들 때문에 맛있는 음실들을 잔뜩 싸 가지고 와서 즐거워하는 표정들이 역력한데 이 할아버지만 1년 전 우수와의 그 때 그날에 대한 생각에 잠기였구나.

그 때 그 날 작년 이맘때였지 우수는 운동회라고 몹시 좋아하며 기다리고 있었지만 나는 어떻게 우수에게 맛있는 걸 해주어야 하나 하고 몹시 고심하였지. 할아버지와 같이 살기 때문에 저렇게 못 가져 왔구나 하는 말은 들려주고 싶지 않았구나. 그래서 김밥은 김밥 집에서 주문하고 음료수, 그리고 과자 등 준비해서 정성을 드렸지만 혹 그래도 우수가 기가 죽지나 아니할까 해서 염려스러웠지 그러나 우리 우수는 그런 것에는 조금도 개의치 아니하고 운동도 잘하고 친구들과 열심히 뛰고 놀고 하는데 그 모습을 보니 참으로 우리 우수가 대견스럽기만 했지.

우수야! 그 때 그 운동회 사진을 잘 간직되고 있지 할아버지는 그 때가 보고 싶어지면 사진을 꺼내 보곤 한단다. 우수가 학교 들어가선 처음 있는 운동회였으므로 아주 의미가 큰 그리고 잊지 못할 추억이 될 것이다.

우수야! 지금 다니는 서울 학교에서도 운동회를 하였는지 하였으면 얼마나 즐거웠는지 궁금하구나. 지금은 엄마와 함께 있으니 아무런 문제도 없이 그 날이 마냥 즐거웠겠지.

할아버지는 그것이 몹시 기쁘단다.

우수야! 이제 또 우수의 시 몇 편을 적어볼까?

푸른산 (1998. 5. 16 우수)

높고 푸른 산
비가 올 때 산에 올라가서
나무를 차면
빗방울이 쪼르르 타고 내려와
뚝 떨어지지요

꽃동산 (우수)

꽃동산 꽃들은 즐겁게 웃지요
장미꽃도 분꽃도 즐겁게 웃지요

장미를 심어도 큰 장미 되고
분꽃을 심어도 큰 붓꽃 되고
우리는 자라서 무엇이 될까
우리는 커서 큰 사람이 되지요

비 (1998. 7. 30. 우수)

비가 그치고 나면
창밖의 나뭇잎이
반짝거리지요
나무 잎에 생명 같은 것들이
반짝거리지요

구름 (1998. 8. 1. 우수)

흐린 하늘 위에
흐린 구름이 뜨니
비가 온다
그동안
시들었던 꽃들이 활짝 핀다

여기 아래 쓴 글은 우수가 1998년. 8월 여름 방학 때 컴퓨터에 할아버지께 써 놓고 간 내용이다.

(할아버지께서 쓰신 편지 잘 읽어 보았어요. 제가 할아버지께서 술을 드셨을 때 너무 심하여서 할아버지께서 막 화를 내셨잖아요. 용서하여 주세요. 그리고 저는 할아버지를 정성껏 간호하여 주셨는데 너무 한 것 아니어요. 이제는 제가 가니 기분 참 좋으시죠? 그리고 제가 말썽을 많

이 부렸죠. 이제 돈도 덜 들고요. 이제 참 편안 하실 거에요 이제 그만 쓸게요.) 우수가

우수는 이렇게 글을 쓰고 감으로써 할아버지가 마음을 곤혹스럽게 하였구나!

할아버지가 이 편지를 쓰다가 잠시 쉴 요량으로 정원을 나갔구나. 그런데 정원에는 계절이 가을답게 낙엽이 우수수 떨어지고 있구나. 감잎이랑 감이랑 말이구나. 거기에는 홍시도 있어 이것들을 우수에게 주면 얼마나 좋아할까 생각해 보았지. 그 때 나는 "우수야! 감 먹어라!"하면 우수는 도망가던 생각이 나서 혼자 웃고 말았지. 그리고 할아버지가 잔디밭이나 꽃밭에 긴 호수로 물을 뿌릴 때면 그걸 좀 뿌렸으면 하는 걸 못하게 하면 우수는 짖구진 표정으로 "할아버지는 오늘 밤에 오줌싼데요!" 하면서 외쳐댔지요. 절대로 억지를 써서 할아버지의 일을 방해하지 않는 그런 사려 깊은 너였구나. 그런 너의 모습을 보곤 그 자제 할 줄 아는 그 모습이 착하게 생각이 되어 "우수야! 이젠 네가 좀 뿌려 보아라! 하고 말하면 그제서야 신이 나서 물줄기를 이리 저리로 뿌려대곤 하였지.

우수야! 너는 이 모든 이야기들을 잊지 말고 간직하여야 한다. 우수야 너와 나의 이야기가 어찌 이것뿐이겠니. 그러나 오늘은 이만 하도록 하고 다음날 또 계속하마.

– 1999. 10. 1. 새벽 2시에

하바지! 차 한 잔 하고 가세요!

나는 고속도로를 달리다 휴게소 간판을 보면 자연히 우수 생각을 하게 된다. 내가 운전을 하고 옆에서 조용히 주위를 살피던 우수가 입을 연다. 그것도 다를 때가 아니라 휴게소 간판이 나올 때 말이다. "하바지 차 한 잔 하고 가세요!" 아주 할아버지를 생각해 주는 의젓한 말이다. 그러나 거기엔 자기도 뭔가 바라는 아니 뭔가 생길 거라는 아주 묘한 말로 나를 움직이게 했다. 나는 웃었다. 그래서 우리 둘이는 휴게소에 차를 세우고 마트에 들어가 나도 차 한잔 그리고 우수의 손에도 과자 두어 개가 쥐어졌다. 어린 우수가 어떻게 그렇게 내 마음을 "거참 기특하게 사 달라 하네."하고 감탄을 하게 하나하고 놀랄 수밖에 없었다.

우수는 나의 맏손주이다. 분명히 우리가 낳은 아들은 아니지만 낳지 낳은 것만 다를 뿐 그 외에 모든 것은 할아버지 몫이었다. 우수는 어미에게서 우리 집으로 온 뒤 내가 키웠다. 젖은 우유로, 기저귀를 사다가 갈아주고 씻기고 재우고 이런 것을 전부 내가 해야 했다. 어쩌면 그것이 타고난 운명인 것 같았다. 헌데 우수는 우는 법이 없고 칭얼거리지도 않고 졸라대지도 않고 아주 키우기가 쉬웠다. 우수 같은 아들이라면 100명도 키우겠다고 나는 자신 있게 말을 했다.

우수와 같이 있는 시간은 내가 대부분이기 때문에 나를 더 따랐다. 따르는 정도가 아니라 우수에겐 내가 어머니요, 아버지요, 할아버지였다. 우수는 대변이 마렵다가도, 할머니가 학교로 출근하면 대변을 보았다. 할아버지가 치우라는 뜻이었다. 우연이라 보기보다 할아버지가 자기의 뒤처리를 부탁하는 것 같았다. 안아 달라고 하지도 않고 업어 달라고 하지도 않는다. 우리(우수와 내가)가 주로 산 곳은 옥계 남양리라는 산골이었는데, 그곳은 밤이 다른 곳보다 빨리 찾아오곤 한다. 나는 어둑어둑한 창밖을 보면서 "우수야! 야옹" 하면 우수는 이내 이렇게 대답한다. "자요." 그리고 잠시 후면 우수는 조용히 잠이 들어 있지 않는가! 이렇게 기특할 수가….

아침이 오면 언제 일어났는지도 모르게 조용히 내 등 뒤로 와서 "하바지! 안녕히 주무셨어요"하고 인사를 한다. 나는 속으로 이렇게 중얼거렸다. "이 아이는 하나님께서 아주 할아버지가 키우라고 보낸 아이인 모양이구나."하고 말이다.

우리가 사는 집은 시골 산골이기 때문에 가게가 없다. 가게에 가려면 한 10리는 떨어진 데 있기에 불편함도 없지 않았다. 우리는 우리 집에 올 때면 가게 앞을 지나게 되는데 그 가게를 지나서 집에 오게 될 때면 "하바지! 이 가게가 마지막 가게에요. 뭐 필요한 것 사가야 하지 않을까요?"라고 말한다.

우수야 뭐가 먹고 싶어 그렇게 말하는구나 하고 우리는 차를 세우고 필요한 식품 조금하고 우수의 손에 먹을 걸 들고 나오는 것이다. 할아버지 마음을 꼼짝 못하게 하고 일에 성공하는 우수는 한없이 기특했다. 감탄하게 하고 자기 일을 성공하게 하는 그 오묘하고 기묘한 생각에 다른 아이들과는 조금 다른 면이 보여서 좋았다.

그 어느 때인가. 우수가 6살쯤 됐을까 할 때 우리는 동해시 시가지를 통과하고 있었다. 헌데 우수가 느닷없이 나에게 이런 질문을 하고 있는 게 아닌가. "할아버지, 하나님은 착한 사람에게 선물을 줘요. 안 줘요?" 하고 묻는다. 에쿠 이거 나에게 한 방 먹이는 말인가 하고 나는 대답했다. "암, 주시고말고." "할아버지! 그럼 저는 착해요. 안착해요."라고 말을 건다. 나는 "우리 우수는 아주 착하지."하고 말을 했다. 그렇다면 우리우수에겐 선물이 있어야 할 게 아닌가? 나는 이내 우수의 속 깊은 말의 뜻을 알고 이내 장난감 백화점으로 향했다. 우수 손에는 아주 큼직한 자동차 한 대가 우수의 즐거워하는 표정과 함께 들려 있었다.

나는 산골 집으로 돌아오면서 우수가 한 행동을 생각하면서 행복하게 웃고 있었다. 백우수(白優秀)라는 이름은 나와 집사람 둘이 지은 이름인데 우수가 태어난 날은 2월 19일 우수(雨水)이다. 그래서 이름을 우수라 짓고 한문을 넉넉할 '優' 빼어날 '秀'해서 백우수(白優秀)가 이름이 되었다. 지어 놓고 보니 의미도 있고 개성도 있고 부르기도 좋아 아주 만족해한다.

그런데 다행히도 이름에 부끄럽지 않게 지금 대학 1학년인데 전액 장학금으로 좋은 성적으로 공부하고 있으니 다행이며 나에겐 행복이었다.

하바지! 나 살려줘요

나는 숫자 기억에 매우 둔한 편이다. 우수가 서너 살 무렵 완연한 가을이었다. 우리 마을엔 감나무가 많았고 그래서 우리 집에도 감나무 여럿이 있는 것이 예외는 아니었다. 감들이 잘 익어가고 있는 어느 날 “우수야 감 먹어라!” 하는 소리는 할아버지 나의 목소리였고, “하바지 나 살려주세요!”하며 손사래를 저으며 달아나는 어린아이는 우수의 익살스러운 목소리였다. 나는 그 어린아이의 천진스런 목소리가 재미가 있었다. 익살스러운 말엔 감을 하도 많이 먹어서 물린다는 뜻도 있지만, 할아버지 말씀을 애교스럽게 거절하는 뜻이 내포되어 있질 않은가?

사랑은 자기가 받는 거라 했다. 이런 우수를 사랑하지 않을 사람이 어디 있겠는가. 어느 날 우리 집에 손님이 두 분이 오셨다. 우수도 나와 같이 현관에서 소님을 맞이하고 있었는데 내가 손님과 같이 이야기를 하고 있는 동안에 우수가 어느새 쟁반에 우유 두 잔을 받쳐 들고 와서 손님에게 권하지 않는가? 나는 시키지도 않았는데 어떻게 이런 어른스러운 일을 우수는 할 수 있었을까?

손님들도 우수의 머리를 쓰다듬으려 놀라워했고 나도 속으로 감탄하며 대견해 했다. 그때도 서너 살 무렵이니 나는 우수의 그 타고 난듯한 착한 심성이 사랑스럽기만 했다.

기차가 좋다

전 역을 떠났다는 역무원의 안내방송이 끝나자, 곧 이어 육중한 열차가 정시(定時)에 플랫폼에 들어서고 나는 그 열차에 서둘러 몸을 실었다. 그리고 이내 자리를 찾아 앉았다. 가능하면 항상 창가 쪽으로 표를 구입하는데 오늘도 예외는 아니었다.

나는 내가 상각하기에도 좀 유난히 기차를 좋아하고 또 많이 이용한 사람 중에 한명이라고 생각이 든다. 내 손에는 '영주'행 기차표가 쥐어져 있고, 무슨 목적이 있고 볼일이 있어 가는 것이 아니고 다만 기차 여행이 좋아서일 뿐이다. 기차 여행을 하면서 전개되는 모든 모습들, 이를테면 창가에 보이는 대자연의 드맑은 들판, 온통 초록빛의 논 거기에 흰 학들의 한가로운 모습, 밭에는 채소들이 소담스레 보기 좋게 자라고 있고, 그리고 철교 아래로는 유유히 흐르는 강, 또 아기자기한 계곡의 풍경, 때로는 시골 마을 작은 도시 등을 보는 즐거움이 내 마음을 한 없이 설레게 하기 때문이다.

열차는 경쾌한 소리를 토하면서 제 속력을 찾아 질주할 무렵, 나는 옛날, 아주 옛날, 기차 여행하던 그 때 레일을 달려가고 있었다. 1950년쯤 되었을까/ 나는 묵호행 열차를 타고 있었다. 헌데 열차는 태백산맥 동쪽 높은 곳, 통리역에 도착하였고 거기선 여객 모두가 내려서 까마득하게 보이는 아래쪽 역 '나한정' 역까지 걸어 내려가 대기했던 다른 열차로 갈아타고 묵호역까지 갔던 희한한 여행도 있었다. 그 후 십여 년 후에는 우리나라 한 곳밖에 없었던 '스위치백'이라는 지그재그식의 철로를 이용해서 묵호역으로 갔던 생각이 났다. 지금은 먼 옛날의 철로 이야기이다. 왠지 미소가 지어진다.

창밖을 보니 열차는 열심히 달리고 있었고, '아포역', '대신역'이 차례로 지나고 있는데 이 역들은 마치 장사가 아니 되어 폐업한 가게인 양 생각이 들어 슬프게 보였다. 하나 머지않아 자그마한 시골 역 '옥산역' 그리고 '청리역'을 지나리라. 그러고 보니 역 이름들이 깨끗하단 느낌이 들었고, 문득 많이 다녀본 적 있는 아름다운 역 이름들이 생각이 났는데, 그 중 몇 개만 든다면 '헤미역' '벌어곡역' '한림정역' '여랑역' '구절리역' … 이 모두가 빼어나게 아름다운 역 이름들이다. 그런가 하면 개성 있는 역들을 들라면, 청도역(경부선), 북청역(경전선), 연산역(호남선)이 있고 또 뿐만 아니라 한국적이며 고 도시 다운 전주역, 진주역, 경주역의 한식 역사는 참으로 아름다울 뿐만 아니라 나도 모르게 우리나라의 것, 우리 민족의 정신을 표현하는 것 같아 자랑스럽기도 하였다.

나는 더러는 재미있고 즐거운 역을 보게 되는데 그 중 경부선의 청도역에 내리다 보면 역무실 옆에 조그마한 공간을 이용하여 우리의 옛 마을의 한 부분인 초가 옥을 재현해 놓았다. 거기엔 안채와 별채 그리고 마당엔 소 형상이 매여 있다. 헌데 안채엔 선비가 창밖을 내다보고 있는데 그 모습이 멀리서 보니 마치 산 사람처럼 보이며 우리에게 들어오라는 듯 보였다.

언젠가 집사람과 그곳에 같이 가 보게 되었는데 집사람 말이 "저 선비가 우리더러 비를 맞지 말고 들어오래" 하면서 장난스레 말을 했다. 마침 그 때 비가 추적추적 내리고 있는 5월이었기에 우리는 그럴듯한 장면을 연출하며 웃었다.

북청역(경전선)은 조그마한 역이지만 가을이 되면 코스모스가 역 전체뿐만 아니라 눈에 들어오는 시야엔 모두 코스모스이니 이건

장관 중의 장관의 모습으로 다가와 이런 코스모스 세계도 있나하고 감탄, 감탄했던 생각이 나서, 언제 가을이 와서 다시 가 볼 수 있을까 생각하면서 기다려지기도 한다.

그런가 하면 연산역(호남선) 역시 자그마한 역이지만 역무실 앞 화단에 길게 설치한 바람개비는 잠깐이나마 어린아이들에겐 즐거운 볼거리며 어른들은 어린 시절을 연상케 하여 좋았다.

연산을 지나면 논산 그리고 익산에 가는 동안은 넓고 넓은 호남평야가 눈앞에 전개되는데 가도 가도 산하나 없이 펼쳐지는 평야가 내 마음을 시원하게 해주었다.

그런가 하면 재미있는 역도 많아, 언젠가 호남선 열차에 올랐는데 '천원역'을 지날 때 혼자 웃고 있었다. 이유는 (호남선)엔 '천원역'도 있고 (경북선)엔 '백원역'도 (경부선)엔 '이원역'이 있다. 비록 액면이 낮은 액수지만 돈을 생각하게 해서 웃고 있었다.

창밖을 보니 '상주역'을 지나고 있나보다.

나는 계속 옛날 생각을 레일로만 달리고 있다.

이젠 나의 삶이 예전만 못해 아쉬움이 많아 회상에 젖어 보는 습관이 많이 생겼다. 돌아다보니 사라져간 것도 있어 아쉬움도 있다. 예전의 침대 열차, 식당차들이 있었는데 지금은 그런 게 없다. 그러나 그것 못지않게 지금은 좋아진 것도 헤아릴 수 없을 만큼 많다. 최근에는 여러 모습의 열차 - KTX, ITX, 새마을호, 무궁화호, 관광열차, 전동차 등-를 다양하게 운영함으로써 국민의 취향에 맞도록 운행하는 것은 참으로 내일을 밝게 해 주는 것 같아 언제, 또 새로운 형태의 열차가 나올까 몹시 궁금하게 하였으며 그건 아마 우리의 남북통일이 되어서 부산역에서 신의주역까지, 목포역에서 함흥역 까지 개통되는 날이 아닐까 하니 가슴이 벅차오른다. 나는 지금 비록 종착지가 '영주역'이나 머지않아 신의주역까지 갈 수 있는 날을 기다리며 살아야 하지 않을까?

나는 어쩌면 꿈 아닌 꿈을 꾸고 있는지 모른다.

「우리 열차는 지금 정시에 신의주역에 도착하였습니다. 목적지까지 안녕히 가세요.」

라는 안내방송이었으면 얼마나 좋을까? 그러나 열차는 나의 마음을 아는지 모르는지, 영주역에 도착하였다고 알리고 있었다. 승강구에서 내리는 나에게 단정한 여승무원이 미소를 지으며 묵례를 해준다. 위안이 되었다.

▲어느 맑은 날의 포구

▲한(寒)섬의 일우(一隅)

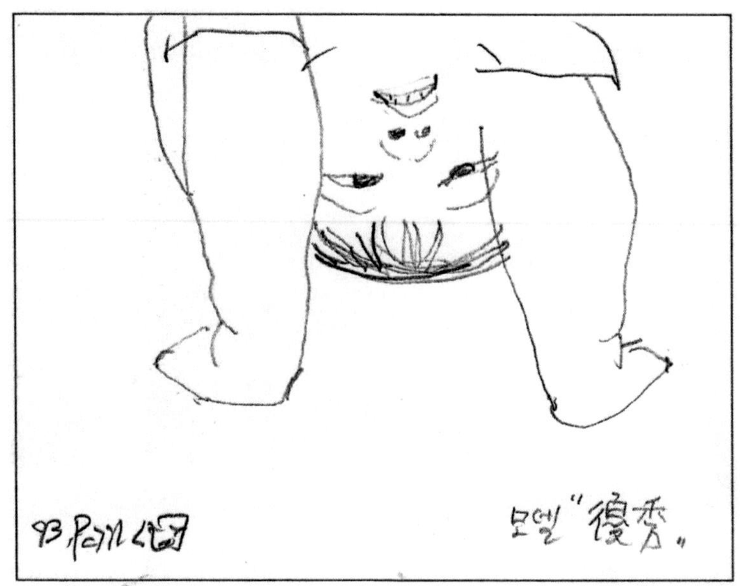

▲모델우수

▲정겨운 모퉁이길